人生算法

輕鬆跨越出身與運氣，全面升級人生的概率思維

喻穎正—著

謹以此書獻給我的家人

目錄

PART 2 人生算法十八關

序言←

找到你的人生算法

我想從一個遊戲開始，向你介紹人生算法的力量。想像一下，你現在中了一個大獎，你面前有兩個按鈕：按下第一個按鈕，你可以馬上拿走一百萬美元；按下第二個按鈕，你有50%的概率獲得一億美元，也有50%的可能什麼也拿不到。這兩個按鈕，只能選一個，你會選哪個？

第一個按鈕價值一百萬美元，第二個按鈕用概率計算期望值，得出的價值是五千萬美元。即便如此，很多人還是願意選一百萬美元，因為他們不願意承受什麼都拿不到的風險。還有其他選擇嗎？事實上，你可以利用算法思維，打開思路。

往前走一步，如果你把價值五千萬美元的第二個按鈕，以兩千萬美元的價格賣給願意承擔風險的人，你就能賺兩千萬美元，而不是一百萬美元。

往前走兩步，你還可以賣掉這個選擇權，將其以首付一百萬美元的方式賣給別人，同時簽訂合約：如果他中了一億美元，還要給你五千萬美元。這樣你就有可能賺五千一百萬美元。

往前走三步，你可以把這個選擇權做成公開發行的彩券，兩美元一張，印兩億張，能進帳四億美元。就算頭獎分走一億美元，不計彩券的印製和發行成本，你還能賺三億美元。

往前走四步，利用彩券這個商業模式，你可以設計幾個抽獎遊戲，將它打造成一門生意，你就有可能賺十億美元。

往前走五步，讓你的公司上市，估值可達二十億美元，公司市值甚至能漲到一百億美元。

……

這個遊戲的不同答案，解釋的正是很多人百思不得其解的問題：「為什麼人和人之間看起來差別不大，可命運的好壞卻有天壤之別？」正是算法的力量決定了人們不一樣的人生軌跡。

《人生算法》首次提出「用算法來設計人生」，主要基於我在創業、投資、生活中的經驗寫就。我在三十五歲退休的那一年，中國地產行業欣欣向榮，我做了一個在別人看來很奇怪的決定——不再做一個小有成就的開發商，舉家遷往加拿大。

我大約花了十年探索「人生」（我們要生存的這個世俗世界）和「算法」（以數學和物理為基礎的科學世界）之間的關聯，這是一個交織著智力和情感的探險遊戲。

這就是「人生×算法」，我稱之為一個大腦鷹架，其底層以概率為基礎。就像早期概率以賭場為試驗場，在人生算法中，經常會出現財富這類世俗的「成功」案例，其優勢是容易被測量，可以呈現相對精確的因果關係。

這不代表人生算法就是金錢算法，我並不因為金錢比絕大多數所謂道德更純潔而過分推崇它。即使你是因為《人生算法》看起來像一個妖冶的「成功學」而與之約會，你早晚也會發現其大家閨秀的本質。

為什麼大多數人窮其一生，不管多麼聰明、多麼勤奮，終究一無所獲？為什麼有些人看起來不過如此，但能夠超越出身和智商，最終取得成功？秘密在於那些收穫財富、健康、幸福的人生贏家，都擁有自己的人生算法。圍繞這一觀點，本書給出一套完整的「人生算法」操作系統，幫助你找到自己的「算法」。

本書圍繞個人命運展開，探討在未知的世界裡，一個人到底應該具備哪些底層能力。我不想令其成為一場觀光遊覽，或者給你一堆看似有用的工具。我採用的是「駭客式寫作法」，每一章節解決一個關鍵認知難題，從組織結構上看，全書又是螺旋式上升的完整體系。

我絕不給你「我自己沒有過切膚之痛」的認知。如你所知，我是背景和成就都很普通的人，因此並無保護聲譽與維護正確的壓力。簡單來說，本書只向你提供我用親手獵殺的獵物做成的肉食，有時，我就是被獵殺的獵物。

我在大三開始創業，一九九五年畢業時，放棄畢業分配到的工作，南下廣州創業，十年後將一家公司賣給在紐約證券交易所上市的一家公司，也參與了新公司在那斯達克的上市工作。我與猶太人合資開發了幾百萬平方公尺的房地產專案計畫，並在事業高潮時選擇離開。這二十五年如白駒過隙，在時代的大浪中，我嘗盡苦辣酸甜，又刻意與其保持距離，彷彿一切都是在為《人生算法》累積素材。

在本書裡，一方面，我享受孤獨思考的樂趣，寫下「概率權、思考率、灰度認知與黑白決策、三門模型」等原創概念；另一方面，我探討的一切問題，全部落在某個足夠堅實的前沿學科上，如思維的基本粒子、大腦決策機制、行為經濟學、概率、人工智慧、算法、投資、認知科學等。我不希望阻擋讀者順著線索，向更廣闊的認知海洋探險的權利。你可以踩踏「人生算法」，利用它、懷疑它、鄙棄它，只要它能喚起你的某些「對思考的思考」。

得益於微信公眾號「孤獨大腦」被越來越多的人關注，「人生算法」這個我原創的概念開始流傳開來，出現在羅振宇跨年演講和一些商學院的課堂上。隨後，「老喻的人生算法課」在「得到App」上線，其受歡迎程度令人十分意外。

《人生算法》這本書的核心觀點是，任何一個人，只要找到屬於自己的人生算法，就有機會突破命運的局限，實現富足自由的人生。

你也許會覺得有點奇怪，「人生」關乎「命運」，充滿了不確定性；「算法」關乎「科學」，追求客觀和精確，這兩者搭配在一起，怎麼讓人覺得像是「科學算命」呢？其實，富蘭克林就說過「道德算數」，認為人的心智是可以計算的。金融大老索羅斯寫下《索羅斯金融煉金術》，則吸收了物理學家海森堡的「不確定性原理」和哲學家波普的「試錯法」，形成了獨樹一幟的賺錢理論。

那麼，什麼是「算法」？又有哪些理念能被稱為「人生算法」呢？算法就是解決某個問題的計算方法和可重複的實施步驟。「人生算法」正是教你用科學的思維和方法，應對人生旅途中的不確定性。人生算法絕非講道理，也不僅僅是尋找公式，而是可以在複雜現實中運行的程式。

人生算法由兩大模組構成，分別是A計畫之「九段心法」和B計畫之「十八關挑戰」。

利用A計畫，你將修練「九段心法」，透過大腦升級，建立內在的確定性，形成你的人生算法。這一個模組為你製作了一個可以循序漸進、逐步習得的思考和行動框架，就像美猴王拜師學藝，最終拿到金箍棒，練成火眼金睛。

我用圍棋的段位描述實現人生算法的九個層級——從初段到六段，是一個切割鑽石的過程，目的就是不斷找到真正屬於你的最小的那個核心；從七段到九段，就是如何透過複製，令最小的核心最大化，實現自我的湧現和規模效應。九段，是一個求解的過程，而你是這道題目最大的已知條件。

利用B計畫，你將逐一破解十八個人生難題，檢驗你的人生算法，應對外在的不確定性。B計畫的底層是概率思維。這個世界的法則正在由「因果論」轉為「概率論」，從自然世界到人類社會，從科學公式到人生算法，莫不如是。

可以毫不留情地說，在現實生活中，對於絕大多數人而言，畢生所學的數學知識都沒有幾個極其簡單的概率計算重要。這些概率計算不僅是傳統教育忽略的，也是大腦直覺不擅長的。

概率和人生算法的關係是什麼？在A計畫裡，我們一直在追尋可以大規模複製的「大概率事件」；在B計畫裡，我們則要全力避開那些致命的「極小概率事件」。

B計畫的十八關，與其說是過關打怪，不如說是我們借助概率思維，避開那些可能給自己帶來不可逆的大麻煩的事物。這十八關幾乎涵蓋我們人生歷程中最常見的那些場景和主題。人生算法的B計畫，就像孫悟空師徒到西天取經，歷經磨難，終成正果。人的一生，不也是一場修行嗎？

這個世界不是依靠道理運轉的。人生算法試圖用一種數學、物理的方法，從頭推理，定量思考，探尋人世間萬事萬物運轉的底層規律。在許多未知領域，人生算法也依賴常識、美德和心法。在我看來，這些屬於「粗線條算法」。

如量子力學創始人普朗克所說：「科學之所以不能揭示大自然的最終奧秘，是因為歸根結柢，我們自己就是我們不斷試圖解決的奧秘的一部分。」

電腦和網際網路帶來的算法革命正逐漸統治這個世界。可以預見的是，人工智慧將成為未來幾十年最重要的科技力量之一。在滾滾而來的時代趨勢下，你要嘛找到自己的「人生算法」，要嘛淪為他人的數據。

假如真有一個造物主，他為何如此設計我們的這個世界？有人說，上帝是個程式設計師，他透過調節參數，調整每個人的命運。果真如此，造物主一定不會親力親為地控制每個人的參數，而只會設計一套算法，然後把開關交給每個人。這個世界上總有某個謎團，只有你的算法才可以解開。所以，假如有人問我，《人生算法》講的到底是什麼？我會說，它講的是一次自我意識的塑造之旅。

你的人生算法，是什麼？

使用指南←

應對不確定性的七個思維模型

《人生算法》的底層原理由七個思維模型構成。由於全書圍繞一個人的自我成長和世俗挑戰展開，所以這七個思維模型雖然隱藏在主線之後，但卻是一切思考的源頭。

1. 發現認知的原子：認知飛輪

物理學家費曼曾經寫道：「假如由於某種大災難，所有的科學知識都丟失了，人類只能將一句話傳給後代，那麼怎樣才能用最少的詞語表達最多的信息呢？我相信這句話是原子假設，即所有的物體都是由原子構成的。」《人生算法》裡的認知飛輪，就是人類思維的「原子」。

人的行為過程主要由人對環境信息的獲取、感知、處理和輸出組成，即感知、認知、決策、行動的過程。我們思考一個問題，做一件事，開展一個專案計畫，都需完成這個認知飛輪。我們的每天、每年、此生，都是由無數個或完整、或殘缺的認知飛輪疊加而成。你在每個點扮演的角色是不一樣的。

- 在感知環節，你像一個情報員，目標是獲取外部信息，所以你需要很敏感。
- 在認知環節，你像一個分析師，需要格外理性，考慮各種變數，並且給予它們客觀的估值。
- 在決策環節，你像一個指揮官，必須根據分析師的評估計算，做出一個決定，而且這個決定必然是有取捨的，你需要十分果斷。
- 在行動環節，你像一個戰士，需要不畏艱險，勇往直前，完成任務。

我把這四個環節的要求總結為十六個字，即好奇感知、灰度認知、黑白決策、瘋子行動。

2. 切割你的大腦鑽石：用犯錯檢驗算法

大多數人會犯一個嚴重的錯誤，即把認知當作集郵。事實上，認知的提升更像切割鑽石。並非打不死你的東西讓你更強大，而是你快被打死之前握在手裡的那部分「自我」，它才是你最強大的優勢。人生算法的秘密就是發現「自我優勢」這個核心，然後放大它、強化它，形成規模。找到這個可以大規模複製的核心，就像切割鑽石，艱難且痛苦。總想維護自己正確性的人大多數是脆弱的，能夠從錯誤中變得越來越強大的人是反脆弱的。

殘忍的現實往往是最好的進化導師，它幫你消除那些虛妄、似是而非並且不屬於你的東西，透過切割讓你看清自己到底是誰。所以，如果海底撈的張勇的廚藝沒那麼差，說不定他會晚成功很多年。

奧坎剃刀的簡潔性，決定了其手術刀般的精確和冷酷，但能夠對自己下刀的人極少。生活的價值、工作的壓力、社交的冷漠，都是在為個人營造一個奧坎手術室，你要嘛自己下刀，要嘛被別人下刀。

羅素說：「我絕不會為自己的信仰獻身，因為我的信仰可能是錯的。」

人生算法就像科學發現和精益創業，都是透過快速且聰明地犯錯，檢驗你的算法。

3. 穿起你的人生切片：形成個人複雜系統

人和人之間的差別沒那麼大，如同螞蟻之間不會有太大差異。就像橋水基金創始人瑞．達利歐說的，「我閱人無數，沒見過有人天賦異稟」。很多隻螞蟻在一起組成螞蟻社會，就會湧現驚人的智慧，做成單隻螞蟻永遠無法做成的事情。

讓我們做一個思想實驗，假如把你的一生沿著時間軸，切成無數個切片，就像快照那樣，是否可以說，其實你的命運是由無數個時間切片上的你組成的？每時每刻，每個決策的你、每個行動的你，就是一隻螞蟻。無數個不同時刻的無數個你我，疊加在一起，構建了智慧社會。螞蟻之間的傳輸控制協議是這個智慧系統的算法，不同時刻的你之間的關係和連續性是你的算法。

每個認知飛輪，就像一隻螞蟻。一隻螞蟻也許不夠聰明，但擁有算法的螞蟻社會卻湧現了超凡的智慧。其實，人也一樣。所謂成功，就是穿起你的人生切片，透過算法形成智慧社會，讓湧現發生。

4. 駕馭你的人生汽車：在反饋中控制算法

管它是什麼車，先讓它跑起來。更何況，在爛泥地裡，法拉利未必跑得過拖拉機。

二〇一三年，今日頭條還沒有廣告系統，就接了第一個信息流個性化推薦廣告，結果用「臨時」的方法勉強推出，效果雖然一般，但是實現了閉環。這讓張一鳴想起一個故事，賈伯斯在十七歲生日時，收到父親送的一輛車，雖然那輛車非常破，但是賈伯斯說「But still it is a car」（畢竟是輛車）。

要形成閉環、獲得反饋，就必須親自開車上路，甚至邊開車邊組裝。反饋比完美更有價值。所謂「反饋迴路」就是一個連續的循環機制，這正是諾伯特·維納開創的「控制論」研究的關鍵。

控制論是用科學方法研究一個系統如何在不可預測的環境干擾下追求並實現一個目標。尼采說過：「聰明的人只要能掌握自己，便什麼也不會失去。」人生算法需要在控制和反饋的過程中形成閉環，實現思考、行動和意志之間的整合，最終使其成為一個人內在的一部分。

5. 整合「實力、運氣和資源」：建立三層概率框架

在生活中，我們經常會討論：「那個傢伙的成功，是靠實力、靠運氣，還是靠關係和資源？」從人生算法的理性角度來看，我們可以透過一個三層的概率框架，把實力、運氣和資源整合在一起，進行觀測和計算。

泰德·威廉斯在他的《打擊的科學》一書中這樣描述道：「對於一個打擊者來說，最重要的事情就是等待最佳時機。」巴菲特認為這句話準確道出了他的投資之道。等待最佳時機，等待最划算的生意，它們一定會出現，這對投資來說很關鍵。

泰德·威廉斯的技巧是：第一步，把打擊區劃分為七十七個棒球那麼大的格

子；第二步，給格子打分；第三步，只有當球落在最佳「格子」時，他才會揮棒，即使他有可能因此三振出局，因為揮棒打那些落在「最差」格子的球會大大降低他的成功率。他的秘密在於，將自己的「概率世界」變成兩層。

一是執行層，也就是他打擊的這個層面。在這個層面，無論他多麼有天賦、多麼苦練，他的打擊成功概率達到一定數值後，就會基本上穩定下來，再想提升一點點，都要付出巨大的努力，而且還要面臨新人的不斷挑戰。

二是配置層，也就是他做選擇的這個層面。他在配置什麼呢？決定哪些球該打，哪些球該放棄。

以此，我構建了一個同樣適用於現實生活的模型。

第一層：資源層。有各種球襲來，有的是好球，有的是壞球，無法預測。

第二層：配置層。對於打擊者而言，這時要做兩件事，一是對球進行評估，二是決定是否打擊。當然，打擊後要對整個過程進行回顧檢討（貝葉斯更新），對前面的評估係數進行調整。

簡而言之，一個人一輩子的好運氣是由三層概率構建的，取決於三個開關。命運的最終結果決定於三層概率的整體完成度，而不是某一層的好壞。世俗意義上成功的企業或者個人打通了資源層、配置層、執行層。人生算法讓我們進入世俗世界之上的抽象空間，對人生、自己形成全局觀。

6. 穿越不確定的現實：用反知識應對未知

正如馬克·吐溫嘲諷的，那些給我們帶來大麻煩的問題，並非源於我們不知道的東西，而是源於我們誤以為自己知道的東西。用塔雷伯的話來說，就是「你不知道的事比你知道的事更有意義」。

證偽比證實更有現實價值，例如，你沒辦法證實這個世界上沒有會飛的豬，但你可以證偽這個命題，只要你找到一頭會飛的豬。其實，人們並不這麼想。我們花了太多的時間尋找「好運氣的煉金術」，但不明白，長期走好運氣的辦法是遠離那些讓你翻不了身的壞運氣。

莊子說：「故天下皆知求其所不知，而莫知求其所已知者；皆知非其所不善，而莫知非其所已善者，是以大亂。」很有趣，莊子似乎在為人生算法寫註腳。他上半句是講，天下人都只知道探求自己不知道的事物，但沒有人探求自己已經知道的事物。人生算法A計畫的本質，就是「求其所已知者」。他的下半句是講，人們只知道批判自己認為不好的事物，但沒有人批判自己認為好的事物。這就是科學的懷疑精神。人生算法B計畫的本質就是「非其所已善者」。

生命不是一個靠擁有而證實的過程，而是一個因失去而證偽的過程。斯多葛學派認為，對成功者而言，拋棄無用的東西是必須具備的能力。

叔本華曾說：「這個世界僅有一個天平，就是災難痛苦和邪惡罪行對等的天平，除此之外，再無其他，衡量自己幸福的標準不是有過多少享樂，而是躲過多少災禍。」

《人生算法》主張，那些我們自以為懂得的人世規律，在無盡的未知宇宙，只是一個非常小的扮家家酒遊戲，充滿虛妄的規則和天真的假設。

7. 以不敗實現「幸福以終」：從概率權到貝葉斯

未來無法預測，這個世界並不存在人生的屠龍術。我們只能根據概率下注，並隨時根據新的數據進行貝葉斯更新。梭倫說：「能幸福以終的人，我們才能稱之為幸福快樂。」那麼，對成功的定義是否可以是能不敗以終的人，我們才能稱之為成功人士？然而，想要不敗，必須主動求敗，試小敗而避大敗。這個過程很難，因為其中充滿了偶然和意外。

我創造的「概率權」這個概念，是指概率是一個人的權利，人們對這項權利的理解和運用，決定了其在現實世界中的財富。在貧富差距的關鍵決策點上，窮人打折甩賣自己的概率權，而富人則利用人生算法低價購買概率權。

時間做為驚人的變數，會令某些小概率事件成為「歲月遍歷性」的大概率事件。對於那些極小概率的致命傷害，我們要保持杞人憂天般的偏執。

這類事件要嘛成為殺死財富和幸福的黑天鵝，要嘛被聰明人把握，將其變成「凸性機會」——他們抓住那些被錯誤定價的小概率事件，利用時間複利，實現概率複利，在凸性曲線的保護下，最終收穫巨大的正期望值。

對於大多數人而言，人生更多的是工作和創造價值，並在此過程中找到算法、強化算法，該過程就是「貝葉斯推理」。貝葉斯推理可以被總結為——透過觀察行動（信息），將先驗概率透過貝葉斯更新轉化為後驗概率。這個後驗概率又可以變成下一次推理的先驗概率。貝葉斯推理像一個不斷進化的引擎，具有自動升級推測的學習功能，讓我們在有限的信息下，穿越未知的大海。貝葉斯主義者是這個世界上最佳的持續學習機器，這正是蒙格眼中的「巴菲特最大的成功秘密」。

絕大多數時候，我們的人生都猶如置身無邊無際的大海，只擁有極少的已知條件，但是憑藉有限的努力和笨拙的推理，你我都有機會讓自己脫離險境。

生活透過（對你以為的「真相」）說「不」的方式，幫助你一步步逼近真相。那個相信上帝的貝葉斯牧師創造的公式彷彿在告訴我們：「你的自由意志恰恰存在於你在這個不確定的世界的每一次探索和掙扎，存在於你永不放棄的概率權。」

PART 1 人生算法九段

廣義而言，大自然有兩個重要的算法，一是進化，二是大腦，後者難免會被歸為前者。在現實中，我們雖然會拚命思考，但是極少思考自己的思考。本部分先圍繞認知飛輪，製作一個內心演練模型，從元認知出發，幫助人們成為大腦真正的操控者。

人生創造算法，而非算法創造人生。

初段・閉環

如何對抗完美主義

聰明人最大的自我陷阱是聰明會成為前行的障礙。在做一件事情時，聰明人會想得更深，看得更遠。但是在現實世界中，有時候我們必須不管不顧地做一些「走一步，看一步」的事情。

在找到可大規模複製的核心之前，我們要勇於做「一次性」的事情，關鍵是完成、交付、射門，哪怕跌跌撞撞。

二〇一六年，騰訊聯合創始人陳一丹先生設立了一個神秘獎項——「一丹獎」。這個獎項雖然只針對教育事業，但是它的獎金卻高達三千萬港元，幾乎是諾貝爾獎獎金的三倍半。

首屆「一丹獎」頒發給了誰呢？獲獎人之一是史丹佛大學心理學教授卡蘿・德威克。鑑於該獎項的含金量很高，人們難免好奇，德威克教授究竟做出了什麼教育研究成果，才能獲此殊榮？這裡先賣個關子，因為德威克的研究正是九段心法初段的謎底。

懂圍棋的朋友知道，對於很多職業棋手而言，一輩子最難忘的就是入段，也就是拿到初段。我們在本章論述的正是九段心法當中的初段——閉環。

認知的閉環

「閉環」這個詞來自PDCA循環，又叫「戴明環」，是美國管理學家戴明博士提出的一個模型。管理學上的閉環包括計畫（Plan）、執行（Do）、檢查（Check）、處理（Act）。戴明提出，PDCA是一種螺旋上升的知識增長模式，每一層都是一個獨立的PDCA循環；新的循環把上一次循環的結果做為已知條件，於是越來越接近螺旋結構頂端的終極目標。

當我們拆解大腦認知的時候會發現，大腦「從獲取信息到採取行動」的過程同樣包含四個動作，分別是感知、認知、決策、行動。我們積極地做以上四個動作，就可以完成認知的閉環。

從我們日常生活的視角來看，閉環就是把一件事情做完。我們平時誇一個人可靠，也就是說他「凡事有交代，件件有著落，事事有回音」。你可能覺得這些聽上去無足輕重，但它對於一個人、一家企業的早期發展至關重要。祖克柏在創業初期，在臉書的辦公室牆上貼了一條標語——比完美更重要的是完成。這條行動準則，就是要激勵每一位員工按時交付，快速行動。

閉環這麼重要，似乎也不難實現，但為什麼在真實生活中它又顯得那麼稀罕？一個人要做到可靠，一個企業要做到及時交付，並不容易。根據我的觀察，這主要有以下四個原因。

第一，事情本身難以形成閉環。比如，有陣子海外地產非常熱門，但是這個生意要做大卻不容易。一方面，在海外買房的程序特別長，看房需要跨國飛行，溝通成本高，付款麻煩，交易難以形成閉環。另一方面，客戶分布得特別散，要在全國撒網捕捉客戶，營銷難以形成閉環。因此，海外地產專案計畫的規模一般不大。

第二，個人或者企業的能力難以形成閉環。我接觸了很多創業的朋友，觀察到一個很反常的現象——燒烤攤老闆比明星企業的副總裁更容易創業成功。燒烤攤的生意雖然小，老闆的受教育程度也未必那麼高，但是他需要完成找場所、進原料、生產、銷售等步驟。也就是說，燒烤攤老闆具備閉環能力，並從實戰的角度把生意的整體邏輯過了一遍。大公司的副總裁呢？學歷高、職位也高、經驗很豐富，但他的工作只是大系統中的一個小環節，一旦獨立創業，他很有可能無法獨立完成閉環。

第三，不願意把手弄髒。定戰略大家都願意，捲起褲腿下地幹活，很多人就不肯了——「這種髒活累活，怎麼可能由我做呢？」這是他們真實的想法。這種只負責戰略、不肯實幹的人，自然也無法完成閉環。

第四，堅持完美主義。完美主義通常的做法是把每種路線都嘗試一遍，找出最優解。這種方式追求高品質，有其積極的一面。但是大多數時候，它的操作成本過高，因為現實生活中很難在短時間內找到最優解。完美主義繼而容易陷入拖沓的境地，阻礙閉環的完成。

完成閉環的要求

那麼完成閉環有什麼要求呢？很多人認為要可靠，完成任務，給別人一個交代。這麼想的人其實掉入了「討好型人格」的陷阱——你在意的是他人的評價，事實上並沒有從事物最終的對錯出發進行判斷。

如果不是給別人一個交代，那麼是「給自己一個交代」嗎？也不對。完美主義者就是典型，他們總想證明自己聰明、正確、高瞻遠矚，絕不輕舉妄動，這本質上就是害怕失敗。那應該怎麼辦？一種不起眼的小昆蟲——螞蟻，給我們提供了一種新思路。

科學家們發現，螞蟻出動搬運食物的時候，不管地形多麼複雜，距離食物多麼遙遠，牠們總能找到一條最優路線。原來，每隻螞蟻一開始都會隨機選擇一條路線，並且留下一種叫作信息素的物質。若干隻螞蟻找到了食物，也就留下了若干條搬運道路的信息。最後，短路徑上的螞蟻數量總是比長路徑上的螞蟻數量多。因為路越短，相同時間內螞蟻往返的次數就越多，在路上留下的信息素也就越多，蟻群就會慢慢聚集到最短的路徑上。

螞蟻不停重複這個過程，最終總能找到一條最優路徑，這就是著名的「蟻群算法」。同理，我們在日常生活中完成的每一個小閉環，就像螞蟻隨機選擇的路徑，單個閉環或單條路徑可能非常簡單，但當多個閉環或多條路徑的信息聚集起來的時候，就能找到最優解。

遇到問題，我們與其悶著頭想，暗暗努力，不如邁開雙腿，先完成一個閉環再說。勇於嘗試、不停修正，自然能一步步逼近問題的最優解。因此，我們在閉環這件事上吃的虧，並不是「怎麼做」的問題，而是「做不做」的問題，真正的問題出在了思維方式上。這裡就需要揭開在本章開篇埋下的謎題了。「一丹獎」得主卡蘿·德威克教授的獲獎主題是「固定型思維模式」與「成長型思維模式」的區別。

做個成長型思維的人

具備成長型思維模式的人認為，所有的事情都離不開個人努力，這個世界上充滿了那些幫助我們學習、成長的有趣挑戰。具備固定型思維模式的人則認為，自己的智力和能力被決定了，不會變化，而別人的評價就是給自己下的結論，所以他們極度在意外界的評價，他們看重的不是事情本身的樂趣，而是獲得正面評價。

你可能覺得具備固定型思維模式的人太傻，沒有人會這樣想。但事實上，很多人都有證明自己的強烈目標，我們自己身上可能就有一些固定型思維的影子。至於這兩種不同思維方式的人在真實行動中的區別，德威克教授先用測評把學生分成「成長型」和「固定型」兩類，然後觀察他們在面對挑戰時的真實反應。

在香港大學，英文的使用非常普遍，但有些學生在入學的時候英文並不流利，他們理應盡快提高英文水準。德威克教授調查了兩類學生參加「提高英文能力課程」的意願，統計顯示：具備成長型思維模式的學生非常踴躍，而具備固定型思維模式的學生卻反應不積極。這是因為，固定型思維的學生不想暴露自己的不足，為了在短時間內看上去聰明，他們寧可拿自己的前程冒險。

試想一下，在你的身邊是不是有很多這樣「怕犯錯的聰明人」？

應如何培養有成長型思維的人？德威克教授和其他團隊合作開發了一款「獎勵過程」的遊戲。學生們每一步的努力、策略和進步都會受到獎勵，而不會像應試教育那樣，只獎勵結果，只有高分才算成功。隨著遊戲的深入，學生們想出了更多的策略，當遇到特別困難的問題時，他們也展現了更為持久的韌性。

德威克教授的這套成長型思維教學已有不少成功案例。美國紐約州南布朗克斯區的教學水準遠遠落後於其他地區，而在當地小學採用成長型思維的教學模式後，四年級學生的平均數學成績在一年的時間內就升至紐約州第一名。這就是成長型思維帶來的巨變。

回到初段的核心問題——閉環。閉環是為了形成一個反饋系統，給自己的未來按下啟動按鈕。我們通常認為，閉環是為了給別人一個交代，其實不然，它不是為了給別人，抑或給自己一個交代，而是給未來一個交代。採用一種成長型的思維模式，邁出用行動改變自我的第一步，你就能獲取和未來的某種連接。

小知識，大重點←

1

在閉環這件事情上，大概可以分為四個層次——無法閉環，為別人閉環，為自己閉環，為未來和真理閉環。你屬於哪個層次？

2

有些人的「成長型思維」是假的。他們看起來很樂觀，積極向上，但骨子裡並非如此。

3

「Chutzpah」這個單字源於希伯來語，字面意思是「厚顏無恥，膽大包天，傲慢自大」，同時它也指一個人即便不斷失敗，也會重新站起來積極嘗試。

4

本章提及的螞蟻的案例，螞蟻的特點是積極、勤勞、勇敢、有系統。

5

人會受挫，受挫的時候就很難積極思考。看一支隊伍是否厲害，關鍵看其打敗仗時隊伍是否依然嚴整。人想太多，就會太在乎即時結果，太在乎別人的評價。

6

真正的冒險家並非只是膽子大，或者能力超強，而是他們能夠接受有些冒險不會有結果。閉環，正是面對不確定性要培養的第一個能力。

7

再說螞蟻的「系統」——透過信息素，蟻群形成了自己的算法。每隻螞蟻的探索，不管成敗，都是在服務一個系統。你會發現，螞蟻既簡單，又有系統。兼顧兩者其實是一件非常困難的事。

8

卡蘿．德威克說：「相信才能可以被培養（透過努力工作、好的戰略以及向他人學習）的人都具有成長型思維。」相較於那些具有固定型思維的人（認為才能是天生的），擁有成長型思維的人會收穫更多，這是因為他們很少擔心自己看上去是否聰明，而是將更多的精力放在學習上。我們應該把好事和壞事都當作成長必須經歷的磨練。用稻盛和夫的話說就是，「提升心性，磨練靈魂」。

9

馬克·吐溫說：「二十年後，讓你感到失望的不會是你做過的事，而會是你沒做過的事，所以，請解開繩索，駛離安全的港灣，揚帆起航吧。去探索，去夢想，去發現！」

10

我們的文化鍾愛大道理，或者厲害手段。成長型思維看起來既不是大道理，也不是厲害手段。但這就是「初段」要強調的能力，也是通往九段的第一步。事實上，很多人一輩子都入不了段，只在人生的大門口擔憂、彷徨。

二段・切換

掌控大腦的兩種模式

當直覺與算法結合，才能產生魔力。

我更喜歡把直覺視為大腦的湧現。所以，突破性思想偏愛受過訓練的、積極的頭腦。有靈感的人不擅長做可重複的「笨事情」，不夠聰明的人又無法理解可重複的「笨事情」需要基於一個了不起的靈感。

而厲害的人，則可以自由切換。

在初段——閉環的基礎上，我們可以進入「九段修練」的下一個段位——切換。你需要理解大腦運行的兩種模式：「自動駕駛模式」和「主動控制模式」，還要學習在兩種模式之間自如切換。

我先說碧昂絲的一個秘密。她是世界級的超級巨星，其唱片在全球已經賣出一億多張，還拿下了二十二項葛萊美獎。碧昂絲在巡迴演唱會的舞台上激情四射，氣場強大，引吭高歌。可是演唱會一結束，她就會化身為一名產品經理，在飯店房間反覆重播剛剛結束的演出的影像，從各個角度研究，尋找需要改正和可以突破的地方。翌日早上，碧昂絲團隊的所有成員，包括樂隊、伴舞、攝影師等，都會收到她寫的幾頁筆記，上面寫著他們在接下來的演出中需要改進的地方。

你可能會感到奇怪：碧昂絲如何做到在台上激情四射，在台下又理性十足？她身上就好像裝有一個開關，可以在激情和理性之間自由切換，這是厲害的人物具備的一項重要特質。

大腦運行的兩套系統

事實上，人之所以可以迅速調整狀態，並且在激情與理性之間切換，與大腦獨特的運行模式有關。

一些科學家認為大腦裡並行著兩套系統：一套是快速、自動並且基本上無意識的，一套是緩慢、刻意和深思熟慮的。我把大腦的這兩套運行系統稱為「自動駕駛系統」和「主動控制系統」。舉個例子，一個人在剛開始學開車的時候會特別緊張，每個動作都小心翼翼，到了路口東張西望，打個方向盤還要數幾圈，這個時候，就是「主動控制系統」在發揮作用。等到他成為老司機，一切駕輕就熟，開車回家幾乎都不用動腦筋了，此時的思維是高度自動化的，人們甚至意識不到它的存在，這個階段就是「自動駕駛系統」在發揮作用。這時，你甚至可以一邊開車，一邊聽音樂，或想點心事，看看沿途的風景。

「自動駕駛系統」的特點是快。例如，你在駕駛汽車遇到突發事件時猛踩煞車，這是一個自動處理的動作，包含反射、本能、直覺、衝動。「主動控制系統」則顯得有些遲鈍，因為它需要深思熟慮，調用經驗、記憶、分析和理性。

在大腦中，這兩套運行系統時常發生錯位——該自動駕駛的時候控制太多，而該主動控制的時候卻又自動駕駛。比如，一位男士在買價格為一、兩萬元的手機時會反覆研究，在買幾十萬元、幾百萬元的股票時卻不動腦；一位女士為了選一條裙子能跑幾十家店，選結婚對象卻只用了三分鐘。

為什麼大腦會形成兩套截然不同的系統呢？這需要我們追溯大腦的進化歷史。人類的「自動駕駛系統」主要由大腦進化較早的部分——包括小腦、杏仁核和基底神經節等——支配；而「主動控制系統」則在前額皮層運行。兩個系統各有優劣，但大部分時候，大腦都是靠「自動駕駛系統」在運行。

這是因為「自動駕駛系統」非常優秀，能幫我們快速處理日常事務。英國生物學家理查．道金斯在《自私的基因》一書中寫道：「一個人把球拋向高空，然後又把球接住，他在完成這個動作時好像事先計算了一組預測球的軌道的微分方程式。他對微分方程式可能一竅不通，也不想知道微分方程式是什麼玩意兒，但這種情況不會影響他拋球與接球的技術。在某個下意識的層面，他進行了某種在功能上相當於數學演算的活動。」

二〇一一年，NBA球員雷．艾倫投出職業生涯的第兩千五百六十一個三分球，打破了世界紀錄。記者問他是怎麼做到的，他在投球的時候會想什麼。艾倫回答道：「如果你在投球時刻意瞄準，那麼瞄準的那一刻，也就是你把球投到籃框左邊或右邊的時候。只要瞄準，就會有各種錯誤發生。要想投進，你只需走到一個能夠舒服投籃而不必瞄準的位置……接著只要身子躍起，手腕一翻，球就自己飛進籃框了。」艾倫的答覆告訴我們，在實戰中，你必須把投籃、射門這類動作交給「自動駕駛系統」，因為這就是它的特長。

我們依賴「自動駕駛系統」，還有另外一個原因，即主管「主動控制系統」的大腦前額皮層實在太「年輕」了。加州理工學院行為經濟學教授科林．卡梅勒表示：「前額皮層是人類獨有的，它非常薄，很容易超負荷運行，指望它來做更多深思熟慮的決策，讓我們少做單憑想像的蠢事，其實不太可能。」這就是為什麼大家天天都在說理性、說思考，但真要做起來就覺得很不舒服，很違反人性。

駕馭大腦兩套系統的混合策略

那該怎麼辦呢？我們是不是只能聽任「自動駕駛系統」的指引？事實上，你還可以採取另外一種方法——混合策略。就像我們提到的碧昂絲的秘密：在演唱會上啟動「自動駕駛系統」，盡情釋放自己的能量；到晚上回顧檢討的時候，就切換至「主動控制系統」，自我審視，主動改善，探索創新。

至於三分球世界紀錄的創造者艾倫，他經常提前三個小時到賽場練習投球。大量由「主動控制系統」主導的練習，讓他在比賽中「自動」找到了投籃命中的感覺。這樣看來，高手做好一件事的秘密，就是在最開始的時候透過「主動控制系統」管理、訓練，達到一定的熟練程度，再交由「自動駕駛系統」接管。

在生活中，我們經常會混合使用「自動駕駛系統」和「主動控制系統」。比如，我們用無意識的視覺系統將光線加工成圖像，用有意識的視覺系統觀察體驗周圍的景物。簡單來說，一個是用眼睛看，一個是用心「看」。

有時，我們評價一個人的工作能力，會說他眼中有沒有工作。幾乎所有人都可以透過「自動駕駛系統」看到外部世界，但只有那些眼中有工作的人，才能調用「主動控制系統」發現問題和機會，並想辦法解決問題，抓住機會。

那麼，如何培養在兩種模式之間自如切換的能力呢？結合自己的見聞和經驗，我發現了三個特別實用的攻略。

第一，把不那麼重要的事情交給「自動駕駛系統」。

美國前總統巴拉克．歐巴馬曾經說，自己將瑣碎的日常決定自動化，從而將精力集中在重大決策之中。他在接受《浮華世界》雜誌的採訪時表示：「人們會看到我只穿灰色和藍色西裝，會減少在不那麼重要的事情上做決策的次數，不那麼頻繁地想吃什麼、穿什麼，把精力集中放到重要決策上。」按照歐巴馬的說法，刪繁就簡的訣竅就是「給自己的生活設計一套刻板動作，這樣就不必為雞毛蒜皮的小事分心」。

第二，使用「自動駕駛系統」後，積極用「主動控制系統」回顧檢討。

當你將自己熟練的工作交由「自動駕駛系統」處理後，對這件事的重視程度會慢慢降低，你也就失去了進步的空間。相反，透過「主動控制系統」回顧檢討，自我審視，不僅可以給「自動駕駛系統」做體檢，還能提升其性能。這方面，我們要向碧昂絲學習。

第三，在大腦中用「主動控制系統」模擬「自動駕駛系統」。

我曾問世界游泳冠軍莊泳是如何訓練的，她半開玩笑、半認真地說：「我很懶，有時候我會在大腦裡訓練，想像自己拿到冠軍時的場景、節奏和動作。如果我能夠在比賽的時候找到這種感覺，成績就會很好。」

後來，我在一本書上看到老虎伍茲的父親回憶這位高爾夫天才的逸事——每年的大賽之前，伍茲都會用一個星期的時間調整精神和身體狀態，比如，開車到比賽現場，在那裡練上幾輪；等到回家後，伍茲會躺在床上，閉上眼睛，在腦海裡練習在比賽中要打的那些球。

這種精神備戰法，被稱為心理演練。它能增強成功意識和比賽信心，幫助運動員取得較好的成績。難怪傳奇高爾夫球球員鮑比．瓊斯曾說：「高爾夫球球賽發生在一塊只有五英寸（約十三公分）寬的場地上，那就是你的兩耳之間。」

沒錯，我們就是用自己的大腦，在「主動操作系統」和「自動駕駛系統」的切換之間駕馭我們的一生。

我想用我曾經和朋友分享的一句話做為總結：一切腦力活動，最後拚的都是體力；一切體力活動，當然只是那些看起來以體力為主的活動，最後拚的都是腦力。如果你能同時掌握兩個系統，並且在中間自由切換，那你就可以成為「人生算法」的二段高手。

小知識，大重點 ←

1

有人說，大腦的自動駕駛和主動控制，不就是《快思慢想》的作者康納曼所說的系統一和系統二，又或者就是「直覺和理性」嗎？有什麼新鮮的？

2

沒錯，概念很多人都知道，但是概念與你有什麼關係呢？如果你不懂得其深層機制，概念就只是幾個字而已。

3

知道一個東西叫什麼和知道一個東西是什麼，完全是兩回事。即便知道了是什麼，想進一步了解也不是一件容易的事。

4

我試圖探索「自動駕駛模式」和「主動控制模式」的系統結構（靜態）和動力學機制（動

態），這樣才可能和我們的現實產生關聯，也會對我們的思維方式和行為方式有所裨益。

5

要做到這一點，你必須跳出自己的思考並審視自己的思考。可惜，很多人一輩子都無法飄浮到自己的頭頂進行鳥瞰式自我審視。

6

這種自我審視，不是小學生寫檢討報告，而是去做科學實驗：根據一定的目的，運用一定的儀器、設備等物質手段，在人工控制的條件下觀察、研究自然現象及其規律性，這是一種社會實踐形式，也是獲取經驗事實和檢驗科學假說、理論真理性的重要途徑。對公司而言，也應如此審視。

7

人的一生，其實就是大腦這個司機在操作我們自己這輛車，基本動作除了轉動方向盤，就是踩油門、踩煞車。

8

再看「大腦煞車」原理：大腦可用來控制閉嘴、止步，但常常控制不了自己。如同駕駛，有時踩煞車比踩油門重要。我在某次下棋過程中，在一個可以痛砍對方的點煞車，改為自己先穩活；又在一個想妥協的點煞車，選擇痛下殺手。結果是，中盤勝之。

9

在決策點，類似於在「三段」要講的「內部控制點」，大腦煞車的意義是：決定是或否，決定方向，決定力量大小。

10

對於實現傑出心智而言，前額皮層有一項重要功能，即說「不」和控制我們衝動的能力。《從0歲到99歲腦的奇蹟》給出了強化煞車的方法：形成卓越大腦；在紙上列出你想要的並經常審視；犀利專注；長痛不如短痛，直接說「不」；說「我要考慮一下，如想要，我會找你」。

三段・內控
跑好大腦的四人接力賽

大腦最神奇之處，也許在於它會思考自己。

很多時候，決定一個人命運的，並非他的思考，而是他對自己思考的思考。狄更斯說：「一個健全的心態比一百種智慧更有力量。」何謂「健全」？就是指一個人思維內控點的完整性。

為了讓大腦更充分地思考自己，我繪製了一個認知飛輪，就像物理裡的原子，化學裡的分子，生物學裡的DNA，信息學裡的0和1。

這是大腦認知的基本單元，也是一個可視的、可感知的甚至可以操控的模型。

如果說，人生算法二段介紹了大腦的兩套思維系統，並要求我們在兩者之間自如切換，三段的學習則會更進一步地拆解大腦的認知，幫助我們在思考過程中建立內部控制點。

我想先透過兩位學者的研究，向你介紹「內部控制點」這一概念。你可能聽過《富豪的心理》這本書，它是財富研究領域的學者雷納・齊特爾曼博士在採訪了四十五位富豪後發表的研究成果，旨在探索人格特質與成功創造財富之間的關聯。齊特爾曼發現，成功的公司創始人有八種人格特質，其中一個和內部控制點有關，即人們的行為由自己控制。成功者堅信：「我的命運掌握在我自己的手中。」

內部控制點，或退一步講，控制點最初由美國心理學家朱利安・羅特提出，是人格心理學的一個概念。羅特認為，具有強大的內部控制點（相對於外部控制點）的個體，會相信生活中發生的事件主要取決於他們自己的行為，並且認為每一個行為都有其後果，這些後果取決於他們是否要主動控制這個結果。

從心理學的層面認識內部控制點後，我還想借用一句話，從側面助你理解為什麼我們要主動控制。這段話出自一本在全球銷量超過一億冊的圖書——《與成功有約：高效能人士的七個習慣》。書中提及，作者史蒂芬・柯維在某學院圖書館的書架間漫步時被一本特別的書吸引了，其中的一段文字，據柯維所言，徹底改變了他的生活。

柯維看到的這段文字，闡釋了一個非常簡單的道理：「刺激與回應之間存在一段距離，成長和幸福的關鍵就在於我們如何利用這段距離。」

想像一下，這就像一塊夾心餅乾，外部世界的刺激是上面那層餅乾，你的感受和回應是下面那層，中間空出來那塊放夾心。

很多人沒能善用刺激與回應之間的距離——中間夾層，在應對外界的刺激時，不假思索，條件反射式地做出回應，就像我們在二段——切換中講過的「自動駕駛系統」一樣。我們本可以更充分地利用夾心餅乾中間的那塊甜美地帶，捕捉、理解、反饋外界的刺激，主動控制自己的言行。

你可能會覺得，善用這段距離，做到主動控制，並不容易。這是因為：

第一，人的專注力頻寬本身就是非常有限的。《決策的力量》一書提到，大腦每秒鐘能夠接收一千萬比特的信息量，但其中只有五十比特會被大腦在有意識的狀態下加以處理。

第二，信息氾濫讓人的持續專注力下降。微軟公司的一項研究顯示，二〇〇〇年人們的持續專注力達十二秒，到二〇一三年就下降到八秒。

第三，我們的世界變得越來越自動化，智慧手機和網路使人類不再那麼敏銳。

信息氾濫，注意力缺失，人變得不再敏銳，在這種情況下，要如何建立內部控制點、主動掌控呢？

飛行員向我們提供了一種思路：他們大多數時候依靠自動駕駛系統飛行，而會在起飛、降落等關鍵的時間點介入。也就是說，他們不會事無鉅細地關注每一個細節。同理，巨星碧昂絲在飯店重播演出影像，到關鍵之處「啪」的一聲按下暫停鍵，就是為了在那個時間點喚醒主動模式回顧檢討，思考還能改進的地方。

你可能會繼續問：「我們應該在什麼時候叫停自動模式，進行主動控制呢？」

為了回答這個問題，我們需要更深入地學習一下認知飛輪。

認知飛輪再探

科學研究需要找到基本的粒子：物理學找到了原子，生物學找到了細胞和基因，信息學找到了比特。我則把「認知」的基本粒子叫作認知飛輪。

我在本書「使用指南」中提到大腦「從獲取信息到採取行動」的過程，也就是認知的基本粒子——認知飛輪，它由感知、認知、決策以及行動四個環節構成。

你可以把一個完整的「認知飛輪」理解為一場4×100公尺的接力賽跑——「感知」跑完了把接力棒交給「認知」，「認知」跑完了交給「決策」，並由「行動」完成最後一棒。事實上，我們的認知經常在這些「交棒」時刻出現問題。例如，扮演情報員角色的「感知」獲取了某條信息，但因為掉棒了，沒能將信息交由扮演分析師角色的「認知」處理。「感知」本身因為有敏感、情緒化的特質，所以在此環節我們很難對信息做出客觀的評估分析。於是，認知飛輪的接力賽跑就無法繼續下去。

提升思考率與設立大腦立項決策者

我發現，有兩類人經常在認知飛輪的環節之間掉棒。

第一類人有點懶，他壓根沒有在恰當的時間點（認知的「交棒時刻」）主動思考。正如科學家保羅·卡拉漢的研究所揭示的那樣：人們做不出聰明行為，並不是他們缺乏動機或能力有限，而是他們缺乏對思考時機的敏感性。就好像在一條路上走，明明有個岔路口，如果你停下來想一想，多半能分辨正確路徑，但大部分人壓根沒有停下來想想。

那應該如何提升思考的敏感性，在認知的「交棒時刻」，開啟主動模式呢？我給你一個評判思考覆蓋範圍的指標——思考率。這是我創造的一個詞。思考率等於主動思考的次數占認知飛輪交棒次數的比例。整體的思考效果＝思考品質×思考率。

有些人的思考品質很高，但是思考率卻不夠，在該停下來好好想一下的時刻，倉促行事，不動大腦，所以儘管他們看起來很聰明，但整體的思考效果卻不怎麼樣。

有些人的思考品質未必出眾，但是思考率很高，在關鍵點三思而後行，整體的思考效果就非常好。

我有個很厲害的朋友，他看起來不那麼聰明，遇到問題思考得也很慢，但他就是能在認知的每一個「交棒時刻」停下來，慢慢想，不打死不罷休，然後再走向下一個「交棒時刻」。我認為這一類人的思考率就很高。

其實，現實生活中有多少時候需要高智商思考呢？大多數時候，我們面對的都是一大堆繁雜的簡單思考。要想提高思考品質，很多時候並不是努力就有用，但是要想提高思考率，幾乎每個人都可以做到。

第二類人愛耍小聰明，總是自圓其說。他們不能忍受不完整和不確定性，總想跳過「交棒時刻」，把認知飛輪這場接力賽快點跑完。認知神經科學之父邁克爾·葛詹尼加博士發現，大腦會為此編造理由。

愛耍小聰明的人隨便得到一個解釋，就覺得自己把某事弄明白了，想趕緊矇混過關。他們輸了就說運氣不好，贏了就覺得自己實力強大。這樣其實會堵死自己成長的路徑。

為了避免這樣的小聰明，你需要在大腦裡設立一個立項決策者的角色。立項決策者是認知飛輪接力賽的總教練，指揮感知、認知、決策、行動這四個角色。你可以將其想像成一個揮舞小皮鞭的狠人，督促我們完成每個角色的任務，順利交棒。我們常說「一個人要對自己狠一點」，說的就是你腦海裡的那位立項決策者不跳過、不逃避「交棒時刻」，主動思考。

單個認知飛輪裡面會進行交接棒，事實上，不同的認知飛輪之間也有這樣的交接。就好像羽毛球比賽打的每個球，從一個來回結束到開始準備打下一個球，中間會有一個可以主動掌控的時間點。

我們需要在這個時間點正確地回顧檢討——充分利用上一個認知飛輪的經歷和反饋，從錯誤中吸取教訓，用相關經驗提升能力。要做到這一點，關鍵在於你能把下一個認知飛輪的決策過程和上一個認知飛輪的結果分開，因為好的決策未必帶來好的結果，好的結果也可能是由錯誤的決策「撞」來的。

在思考過程中建立內部控制點，主動掌握自己的言行，這說起來容易，做起來很難。我想與你分享巴菲特的內控法，幫助你主動思考。巴菲特說，如果自己沒有在一張紙上寫下決定交易的理由，就絕不會進行交易。這個交易可以是錯誤的，但自己必須有一個交易答案。比如，他在紙上寫道：「我今天要花五百億美元收購蘋果公司，因為……」如果不能寫出收購蘋果公司的理由，他就不會收購。

你可能會問：「寫下交易理由有什麼用呢？」其實，巴菲特這麼做就是人為製造了一個內部控制點，給自己主動思考的機會，防止愛欺騙自己的大腦過於衝動。

不管人生多麼緊迫，你都有權利按下自己的暫停鍵。在那些關鍵時刻，你只要說：「且慢，讓我想想！」然後啟動大腦裡的那位立項決策者，開始計算你的答案。

小知識，大重點←

1 大腦的運行機制，至今仍是宇宙中最深奧的謎團之一。

2 夾心餅乾的比喻，是我受完形心理學理論啟發得到的。該理論認為，在外部刺激與由此引起的人的內部感覺之間，並不存在必然聯繫，因為人的思維會以多種稀奇古怪的形式介入這個過程。具體來說，在外部世界對你施加的影響和你內心的感受之間，應該預留一個緩衝空間，並在這部分空間進行決策。否則，你就會活得如同一隻驚弓之鳥。

3 我們當中的絕大多數人，都是條件反射般地過此一生。以下棋為例，多少人下了一輩子棋，幾乎毫無長進。原本是智力遊戲，不是應該越玩越聰明嗎？現實是，很多人就是把下棋當作往水裡扔石頭的遊戲，對手走一步，自己跟著走一步。我稱之為不動腦筋的「動腦筋」。

4

其實還可以從另外一個角度理解大腦的效率。假如大腦是發動機，有些發動機的最大輸出功率很大，持續輸出功率很小；有些發動機的最大輸出功率未必那麼大，但是持續輸出功率不小。

5

我們為什麼要把「思考」想得那麼複雜呢？因為鳥不懂空氣動力學也能飛，但你不懂空氣動力學就沒辦法造出飛機來。

6

內省地去思考「思考這件事」，本身就不容易。而我們還要透過慢鏡頭分析，透過顯微鏡，可視化地觀察「思考的微觀結構」。能夠真正理解這一點的人不會太多。

7

認知飛輪的四個環節和「六頂思考帽」不一樣。後者是一個集思廣益的平行思維工具，而「認知飛輪」就是一個完整的思維決策過程的慢動作分解。

8

我有一個建議，你可以閉上眼睛，演練一下認知飛輪，想像你的大腦中有四個性格迥異的人，由你來指揮。

9

本章提到的諸多概念組成了一個完整的系統。我先講內控點，再講認知飛輪四個環節的「交棒時刻」，然後從一個人思考問題的角度提出「思考率」。這是一個遞進的理解過程。

10

本章的內容不簡單，但最後說的就是——內控。內控之於決策，就像揮桿動作之於高爾夫，看似那麼簡單，但要做好太難了。你只有理解這一點，才可能透過練習不斷提升。

四段・重啟
重新啟動的精神裝置

認知飛輪的秘密在於持續轉動，但是對於絕大多數人而言，一旦遇到阻力或者意外狀況，發動機就會熄火，認知飛輪就會停止轉動。

我們可以在即便落後三個球，仍然穩紮穩打的德國足球隊隊員身上看見「精神裝置」，我們可以在即便看似毫無希望，也依然信心百倍的生意人身上看見「精神裝置」，我們也可以在弱小的母親為了孩子而釋放出驚人力量的時刻看見「精神裝置」。我歌頌的並非打不死的「小強」，而是即便被打趴在地，也在冷靜思考如何包圍敵人的「小強」。人們經常把「精神裝置」與「樂觀」相混淆。傳統的「樂觀」，大多是指一種情緒；而透過「精神裝置」呈現出來的樂觀，是一種理性的選擇。

在講人生四段之前，我想先請你回答一個問題：「假如你在人生巔峰之際陷入一場自己被徹底擊倒的危機，你會作何反應？」

一九九八年，時任美國總統的柯林頓身陷陸文斯基事件，這一醜聞給他帶來了致命打擊。他不僅要在陪審團面前作證，還不得不發表電視講話，向全國民眾道歉。一般人在這種情況下早就狼狽不堪了，可是柯林頓照樣正常工作。他曾與五十位國會議員開會，其中一半都是彈劾他的共和黨人。會上，柯林頓專注而高效率，就像沒什麼事情發生一樣。

彼時的財政部長羅伯特．魯賓對此感到非常好奇，他曾在自傳中寫道：「我確實非常讚賞柯林頓處理危機的方式，儘管這一危機是他自己製造出來的。他的精力集中、專注，在身旁風暴肆虐時仍繼續工作……」柯林頓之後告訴魯賓，說他啟用了一項「精神裝置」，幫助自己度過了那段時間。你可以把這項「精神裝置」想像成電腦的重啟機制——在系統快要崩潰的時候按下重啟鍵復活。

就本質而言，「精神裝置」其實是一種每個人都可以學習的「大腦方法」，幫助我們從那些無法改變的糟糕事情裡掙脫出來，像是什麼都沒發生似的，專注於做好當下最重要的事情。

人生算法四段討論的就是重啟的科學原理，以及如何打造個人的「精神裝置」。有趣的是，魯賓從柯林頓那裡知道「精神裝置」的奧妙之後，也為自己打造了一台。他在打網球的時候開始有意識地告訴自己一條數據——即便是非常優秀的籃球選手，投不進球的概率也高達55%。

牢記概率是魯賓「精神裝置」的核心，它幫助魯賓主動切換至正確的思維模式，使他的網球水準有了很大長進。這種思維模式，即深知比賽的勝利不是靠一次打擊獲得的，一個球的得失很難影響全局。關鍵在於一個球打完後能夠馬上復原，重啟進入下一次打擊。

這就是專業選手和大多數業餘選手的區別。一個球沒打好，業餘選手不是在懊惱，就是在擔心分數落後。專業選手則會迅速重啟，忘掉上一個球，集中精力打好眼下的球。正因為如此，專業選手在比賽的關鍵時刻總是能聚精會神，絲毫不猶豫。

除了柯林頓、魯賓以外，生活中也有這樣一類人，他們非常善於運用重啟原理，無論遇到什麼打擊都可以若無其事地站起來——不管前一天多累，翌日總能滿血復活。我認為這種重啟的能力，是一種底層生存能力，也是我們急需掌握的。

重啟面臨的挑戰是什麼？

在解鎖重啟技能的時候，我們經常面臨兩大挑戰：捨不得扔掉舊的，很難開始新的。

人之所以會受第一個挑戰影響，是因為我們都有戀舊情結，很難輕易擺脫過去。在面向未來做決策的時候，我們總是習慣性地關注過去遭受的損失與付出的代價。

經濟學把過去已經付出且不可收回的成本稱為「沉沒成本」，並把我們為了規避沉沒成本而選擇的非理性行為方式稱為「沉沒成本謬誤」，或者「損失厭惡」。如果你足夠理性，就不該在做決策的時候老是惦記著已經產生的沉沒成本。

舉個例子，你去看一場電影，付錢後進入電影院發現電影並不好看，你面臨兩種選擇：雖不好看，但忍著看完；離場去做別的事情。這時候你需要假設：「如果這張票是免費的，我看還是不看呢？」（這個假設就是一個重啟裝置。）你當然應該離場，省出時間做點別的更有意義的事，降低未來的機會成本。硬撐著看的話，你還要繼續受罪，時間也因此被浪費了。

「如果你因為錯過太陽而哭泣，那麼你也將錯過星星。」重啟的本質是懂得在什麼時候應該放棄，忘掉已經沉沒的成本，回到尚未選擇的最初，重新做出選擇。

擺脫過去很難，而在開啟未來時，你同樣面臨挑戰。原因在於，人類不僅有「損失厭惡症」，還特別不喜歡不確定性。所以，在現實中我們總能聽到這樣的話：

- 等我這陣子忙完，就開始好好學習英文。
- 等我的想法完善了，並且找到資金，就開始創業。
- 等我工作壓力沒那麼大了，就帶父母出去旅行。

……

然而，現實中不可能什麼都準備得好好的，很多時候其實是「只有東風，萬事皆欠」。即使條件不充分，你也要「扣動行動的扳機」。

吉野家社長安部修仁曾經說：

人們常常面臨選擇，如果眼前有兩條路，你選擇了左邊那條，失敗了，這時你可能會說：「當初要是選右邊那條就好了，都怪我運氣不好。」一旦有了這種想法，才是真正的失敗。養成這種慣性思維的話，無論選擇哪條路，結果都是一樣的。不後悔自己的選擇，哪怕撞得頭破血流，這樣的人離成功會更近一點。

重啟的作用就在於，幫助你對付人天生的、對過往損失和對未來不確定性的厭惡，提醒你駛入理性的軌道，擺脫舊事物，勇敢地開始新生活。

設計自己的「精神裝置」

如何設計自己的「精神裝置」，擺脫那些舊的事物呢？我們可以看看過去英特爾公司CEO安迪．葛洛夫是怎麼處理的。一九八五年，英特爾公司的內存業務受到日本廠商的巨大衝擊，安迪．葛洛夫想退出內存業務，進軍CPU市場，但難題在於英特爾公司的內存業務還在賺錢，CPU的市場前途不明朗，說不定還是死路一條。

這時，葛洛夫啟動了一個「精神裝置」，他問公司合夥人摩爾：「如果我倆隱退，新CEO上任，他會怎麼辦？」

摩爾不假思索地回答：「他將退出內存業務。」

葛洛夫說：「既然如此，為什麼我們不這麼做呢？」

現在我們知道，CPU之於電腦就是大腦之於人類，其重要程度由此可見一斑。較早進入賽道的英特爾公司大放異彩，成為全球最大的CPU製造商，但如果仍然死守早已失去競爭力的內存市場，英特爾公司可能就不存在了。這正是精神裝置的魅力所在，關鍵時刻，我們需要啟動這一裝置，擺脫內心的各種糾葛，做出正確決策。

用「精神裝置」開啟未來的另一個典型是亞馬遜的創始人傑夫．貝佐斯，他有一套叫作「Day 1」的裝置，意思是每天都要像創業第一天那樣營運公司。貝佐斯總結了「Day 1」型公司要嚴格遵守的四個原則，分別是：

第一，真正把目光鎖定在用戶身上。

第二，抵制形式主義。

第三，積極適應外部趨勢。

第四，快速做出決策。

擁有「Day 1」「精神裝置」的創業者在講述公司願景，介紹自己的產品時，哪怕重複一千次，再講起來還是會像第一次那樣充滿激情。正如邱吉爾所說，成功就是即使從失敗到失敗，也依然不改熱情。打個不恰當的比方，就像一隻狗每天見到主人都跟邂逅初戀一般興奮。過得每天都像第一天一樣，這是一種特別的能力。

那麼，我們該怎麼設計自己的「精神裝置」呢？我總結了兩套這樣的裝置，幫助你構建自己的「重啟系統」。它們分別是兩個角色，遇到問題的時候，你可以把自己代入這兩個角色的視角，重新思考。

第一個是「外星人」視角。假設有個外星人，突然飛到地球，接管了你的生活。與地球人不同的是，他會冷靜地評估現實，而不會在意那些讓你糾結不已的沉沒成本。面對問題，他能制定理性的解決方案。安迪．葛洛夫用的就是「外星人」視角，這個視角能幫你解決戀舊的問題。

這個方法可以這麼使用：

首先，你找一個厲害的人，他最好離你不是特別遠。他的思考和行動讓你心服口服，你經常想：「我要是能夠成為他那樣的人就好了。」

其次，你把他當作「外星人」。當你面對一些重要的問題時，就問問自己，要是他面對類似的問題會怎麼做。

第二個是「阿爾法圍棋」（人工智慧圍棋軟體）視角。我說過，每個厲害的人，都和阿爾法圍棋很像。阿爾法圍棋下每一手棋時，都會根據眼下的局面從頭思考，找到當前勝率最高的一手。對它而言，每一個決策點都是獨立的。從頭思考，獨立決策，就是不斷重啟的過程。

當你能像阿爾法圍棋一樣，把所有的事實當作已知條件，重新配置資源，積極計算，你就能找到最佳答案。這樣一來，情況是好是壞，條件是否充分，在你看來就都是可以計算的數字了。理論上，你總能找到當前條件下最好的選擇。當你將這套算法應用於生活中時，你就會變得格外強大。

小知識，大重點←

1 為什麼特別聰明的人未必是特別厲害的人？兩者之間的本質差別到底是什麼？

2 特別聰明的人非常善於思考，特別厲害的人非常善於在複雜的環境中思考和決策。

3 特別聰明的人像一輛法拉利，在賽車場上叱吒風雲，可一到野外就麻煩了。

4 特別厲害的人像一輛越野車，在爛泥地裡照樣冷靜前行。

5 我們在生意場上經常會遇到一些很不起眼的人，學歷程度不高，也談不上很聰明，但人家就是做成了事。我認為這些人像「手扶拖拉機」，在中國經濟突飛猛進的某個時期，他們更適應路況。

6

我認為聰明的人擅長思考，厲害的人擅長決策。決策的本質是在不確定的環境中做出逼近真相的選擇。

7

在混亂的、不確定的環境中做決策，有兩種挑戰：一是情緒崩潰了，再厲害也無法發揮，就像荊軻刺秦王的時候那個癱軟的「勇士」秦舞陽；二是數據不充足，無法在「灰度環境」中思考和決策。

8

人生算法的一個底層隱喻是：人生是由一個個小切片構成的複雜系統，就像一個螞蟻社會，每個切片都需要某種獨立性和冷靜性。如何實現呢？每時每刻的你都要重啟、復原，像時空中一個獨立的個體。

9

偉大時刻，往往是指極端環境下如何見招拆招，沉著應對。例如，在戰場上，只剩最後一顆子彈，依舊沉著瞄準敵人的狙擊手；例如，不知明天房租怎麼付，但還在想如何讓用戶體驗最佳化的創業者……

10

於是我們就會得出「專注於當下，只為未來負責」的結論。然而我想強調的是，假如你透過讀雞湯文章得出這個結論，其實沒什麼用處；但如果你是透過推理，基於科學知識和實踐經驗得出這個結論，就會大不相同。

五段・增長
增長駭客的三大步驟

有創業天賦的人不畏懼混亂，能夠快速拿出可以賣的產品，在公司缺乏燃料時能夠用自己的激情點燃一切，從不在意別人的評價，永遠積極地與這個世界對話，像一個在萬聖節熱切要糖吃的孩子，最後糖總會屬於他。

在如今這個碎片化的時代，一個人就是一個初創企業。你需要實現自身規模化，才能實現更大的自我價值。這與你是否經商無關。一個人必須用自身的某些增長消解無法躲避的挑戰。

「九段心法」的學習即將過半。回顧初段至四段的內容，你會發現，這是一個發現自我的過程，你需要在不確定的世界裡實現自我成長、自我切割，直至找到自己的核心算法，建立自我的某種確定性，並透過增長的方式將取得的成果如滾雪球般越滾越大。

五段的主題就是增長。講一個我的切身感受：我是一個圍棋愛好者，經常看到身邊一些喜歡下棋的朋友，天天研究圍棋且天天下圍棋。但幾十年過去了，他們的水準還是不怎麼樣，可能還下不過一個剛學一、兩年的孩子。原因在於，他們沒有找到提高下棋水準的增長模式。

事實上，我覺得能夠提高圍棋水準的方法至少有三種：

第一，做「死活題」，練習計算能力。

第二，打譜，回顧檢討經典案例。

第三，找ＡＩ陪練。

做死活題是圍棋最基本的訓練方法，打譜就是對著棋譜擺棋，ＡＩ陪練更是拿來就用。這幾種方法，都是可重複的笨辦法，只要你每天堅持，訓練量達到標準，下棋水準便會逐步提高。這一過程像是在滾雪球，也是在做增長。

實現增長的三個階段

增長是第一流公司的核心法則。二〇〇五年，臉書剛成立沒多久，公司同僚為了向投資人證明臉書可以實現盈利，提出了一個能夠為公司創造收入的想法。這個想法聽上去有理有據，但創始人祖克柏並不同意，他走到白板前寫下一個大大的單字——Growth（增長）。祖克柏認為，公司當時的戰略焦點是用戶增長，這一點比收入更重要。回過頭來看，這是臉書成功的關鍵。試想，投資人為什麼要投臉書？他們關注的是這家公司未來的發展空間。對他們而言，臉書更像一台印鈔機，而不是收銀機。

公司需要增長思維，個體也需要。對個體而言，最重要的增長不在於工資水準的增長，而在於能力的提升和社會網路的建立，以及在未來賺錢能力的提高。我認為有效的增長通常需要經過三個階段：

第一，增長假設。

第二，增長驗證。

第三，大規模增長。

該怎麼理解呢？打個比方，首先你要有一些種子才會有增長的可能。因為沒辦法確認種子一定能發芽，所以我把它叫作「增長假設」，這是第一階段。之後你開始「育苗實驗」，看看哪些種子真的可以發芽，以驗證前面的假設，這是「增長驗證」的階段。只有完成了前兩個階段，才可以進行大規模種植，也就是「大規模增長」。

在現實中，不管是公司還是個體，都容易陷入「增長思維」的兩個錯誤觀念。

一是有核心，沒增長。產品好，服務好，但無法做大，結果要嘛維持手工作坊的狀態，要嘛就會慢慢消失。

二是沒核心，亂增長。種子不對，還跳過育苗實驗的步驟開始大規模種植。數年前有一家叫作「星空琴行」的公司，推銷能力很強，巔峰時期推廣到二十一座城市，開設了七十五家直營店。然而，星空琴行買琴送課的商業模式本身就存在很大的問題，實踐證明，「賣得越多，虧得越多」。在這種情況下，公司很快就倒閉了。

對於個人來說也是一樣，即便你再有能力，要是沒有增長思維，成長也會受到限制。相反，如果你沒有基本能力，只談增長，到頭來也是一場空。

事實上，增長思維本身有一條清晰的主線，需要你在輸得起的時候快速試錯，積極探索，找到可持續、可規模化的增長公式。這個持續改進、快速迭代的過程，在商業領域也有一個類似的概念，即增長駭客——公司所做的每一件事都力求給產品帶來持續增長的可能性。

增長駭客的三個實戰步驟

那麼，為實現增長具體應該怎麼做呢？我會介紹增長駭客的三個實戰步驟，你可以將這三個步驟應用於企業和個人的發展過程。

第一步，假設：建立最小化閉環。

這也是我們初段講的閉環。在增長這個大要求下，要先完成一個最小化的閉環。

假設你需要完成這樣一份工作——有一大批信件，必須先在信封上寫上地址，貼好郵票，再把信件裝入信封，封上封口。你會怎麼做？第一種辦法是拆分動作，在所有的信封上寫地址、貼郵票，全部裝好、封完；第二種辦法則是每次把一封信的所有工作做完，然後再完成下一個。

你可能覺得第一種更快，但實際上，第二種方式能更快完成工作，因為萬一信件塞不進信封，又是採用大批量的方式，我們一直要到接近流程終點才會發現問題。如果一次只裝一封信，我們馬上就能發現問題。一次只裝一封信的做法在精益生產中被稱為「單件流」，也就是我們說的最小化閉環，它的價值在於能快速試錯。

我想提醒你，從笨辦法開始，別怕犯錯，反正都是小常識，代價並不高，你可以勇敢嘗試。無論是公司，還是個人，不行動，你就沒有辦法獲得反饋。當知道每一次失敗都是為最終的成功採集數據時，你就不會那麼害怕失敗了。

第二步，驗證：找到「北極星指標」。

你要先建立一個反饋迴路，獲取驗證結果。特斯拉的CEO伊隆·馬斯克曾經說過：「我認為一個人有一個反饋迴路非常重要，這樣他就可以不斷思考自己做了什麼，怎樣才能做得更好。」不斷思考如何才能做得更好，不斷對自己提問題，這個動作看起來是多了一個步驟，但它能讓你少走許多彎路。如果沒有這個步驟，你就有可能在原地打轉。驗證其實是確認兩件事：第一，獲取一個正向反饋；第二，找到單一指標的關鍵因素。至於什麼是單一指標的關鍵因素，我們來看一個案例。

Instagram早期的社交功能和現在不一樣，後來它發現用戶分享照片的需求很大，於是只留下了發布照片、評論和點讚功能，並增加了濾鏡功能。當時市面上已經有臉書，多功能的社交產品很難突出重圍，而Instagram的團隊找到了最關鍵的因素，也就是分享照片，並以照片為核心設計產品。幾個月後，專注於圖片社交分享的Instagram正式推出，上線第一天就獲得兩萬五千個用戶，三個月後這個數字達到一百萬。

單一指標的關鍵因素又可以被叫作「北極星指標」，它就是你的關鍵增長點。不管是公司，還是個人，都要致力於找到自己的「北極星指標」，只有這樣，才有可能有效實施增長戰略。

第三步，執行：設計增長戰略。

優秀的創業公司往往會採用分階段發布產品的戰略。例如，臉書一開始只向哈佛大學的學生開放註冊，緊接著是常春藤大學，隨後是其他大學和高中，最後才開放給所有年滿十二歲的用戶。

分階段增長戰略有兩個優勢。首先，在驗證技術風險之前先要驗證客戶風險。產品再好，如果將其推薦給不合適的人，可能也無法獲得正向反饋。驗證一個商業模式，事實上並不需要大量用戶。其次，控制好節奏，將一場馬拉松拆成很多個四百公尺比賽，團隊就更能聚焦。對於一個團隊來說，把不切實際的任務分割成合理的小任務，只要每天完成小任務，就會越來越接近大目標。

在分階段增長的戰略下，臉書後來居上，戰勝了MySpace等一系列競爭對手。我們用滾雪球的例子可以很容易理解臉書的增長戰略：雪球越小，越不容易滾動，隨著雪球越滾越大，它滾動的速度也會越來越快。

正如《精實創業》的作者艾瑞克·萊斯所說：「魔力與天才並非成功創業所必需的，運用可學習和可複製的科學的創業程序才是最重要的。」

經過假設、驗證和執行這三個步驟，你才有可能迎來真正的爆發式增長，實現企業的全面擴張和個人的快速迭代。

小知識，大重點 ←

1

年輕人的成長，總要經歷一段迷茫期。這時，會出現一個有趣的分化，一些在讀書時代很厲害的人消沉了，而一些過去似乎不那麼優秀的年輕人崛起了。

2

「精益創業思維」可以應用於個體的成長，其本質是科學思維和科學精神。科學思維是指聰明地犯錯，不斷逼近真相；科學精神是指不怕犯錯，將挫折視為寶貴的反饋。

3

很多人是為創業而創業，這不對。好的創業要嘛有某個專業洞見，要嘛發現了一個秘密或套利機會，要嘛基於夢想，想解決現實世界的某個問題。

4

你必須找到的這個秘密，未必石破天驚、獨此一家。比如，你發現在北京不算秘密的某件事，回到你的家鄉它會變成一個不錯的機會，這也是一個秘密。你最好能夠用一句話把這個秘密說清楚。

5

這個秘密在開始的時候只是一顆種子，甚至只是一簇火苗。你會經歷實驗室－大棚－大規模種植這三個階段。

6

你不能拚命給一根筷子施肥。你要確認自己灌溉的是能夠生長的種子，是能夠大規模種植的種苗。

7

你要做的就是在某個範圍內像蒼蠅一樣亂撞，尋找那塊肥美之地，測試你的「秘密」。

8

火種不分大小，別在意創業起步時的規模，微弱的火苗照樣可以點燃未來。特別偉大的公司在起步階段常常也是弱小的。投資人越來越意識到，大回報很少是從那些大家都能看懂的「大機會」裡來的。別太刻意追逐大機會，也別故意尋找所謂「奇招」。從你的初心出發。

9

敢於在泥地裡打滾，才有可能得到有價值的牌。有錢人不願意打滾，觀望者沒有去打滾。你應該為自己滿身泥濘自豪。

10

不可能有別人沒做過的事情。很多事情看起來相似，但本質上不一樣。而且，幾乎所有的事情都值得重新做一遍。競爭是必然的，對手是最好的老師，他們幫助你成長，讓你發現自己獨一無二的能力。但是，對於很多人正在做的事情，你要保持謹慎。

六段・核心

找到可複製的最小核心

什麼叫核心？

就是你願意重複去做的事情。這類事情的特點是：你做它不累，它做（虐）你，你不苦。假如這類事還能養活你，甚至讓你名利雙收，那就太完美了。

一個人在受苦受難的時候，經常是在被動發現核心。去掉那些你原以為不能失去的東西，剝去那些你原以為是自己優勢的東西，消除一切幻覺，最後剩下的，也許就是你的核心。

在六段，我們將再往本質探索一層，討論一個更難的命題，那就是找到自己的核心。

我想先問你一個問題：「你覺得智商是影響一個人成功的先決條件嗎？」一橋水基金的創始人瑞・達利歐稱自己閱人無數，但沒見過一個成功人士有天賦異禀。巴菲特也表示：「我可以告訴你一個好消息，要做偉大的投資者，智商不必高得驚人。假如你的智商有一六〇，那麼把其中的三〇賣給別人吧。」按照巴菲特的說法，做投資，有一三〇的智商就足夠了。

你可能會問，如果不是智商，那到底是什麼決定了一個人能否成功呢？

我認為，答案是找到自己的核心。

在六段，就是為了找到人的核心。

每一個成功的人都要走一遍找到自己核心的步驟。這是一個漫長且艱難的過程，很多人終其一生都不能完成。當然，這也意味著如果你能找到自己的核心，就已經比大多數人更接近成功。

核心的特徵

核心有以下兩個特點。

第一，簡單，這樣才可以大規模複製。

第二，有構建系統的潛力，這樣才能防止被別人複製。

放到一個熟悉的例子裡，你就能更充分地理解核心的特徵。我們來看看海底撈的發家史。

以我們以往的經驗來看，餐飲公司很難做大，很難上市。但海底撈在世界各地開了三百多家分店，並於香港上市，市值曾突破一千億港元。

海底撈是如何突破餐飲業的瓶頸，取得成功的呢？秘密就在於它的核心。其實，張勇在一九九四年創立海底撈的時候，只是因為自己不會做飯，才開了一家對廚藝要求不高的麻辣燙店。也正是因為火鍋、麻辣燙不依賴大廚，反而給日後海底撈的複製、擴張提供了空間。

當然，只是把這一點做為核心顯然是不夠的。火鍋店那麼多，怎麼只有海底撈殺出重圍了呢？張勇走的路線是「態度好一點」，即上菜快、服務殷勤，滿足顧客的各種需求。

也就是說，海底撈的核心符合上述兩大特點：火鍋這一產品的形態很簡單，能夠大規模自我複製，並且海底撈從提供優質服務開始，發展出一種企業文化、一套他人無法複製的系統。

今天的海底撈已經成為整個服務行業的學習典範，我們可以借助這個案例學習怎樣才算找到合格的核心。以下三個關鍵指標能夠評判一個核心是否合格。

第一，是否會大概率地發生。

好吃的火鍋店會有很多顧客光臨。經過驗證，這是可以重複實現的大概率事件，而不是單憑想像，靠熱情、夢想或者運氣才會發生的事情。

第二，能否被複製。

我們曾經長期陷入一個困惑：麥當勞、肯德基能開遍全球，為什麼中國餐飲企業不能在全球擴張？海底撈解決了這個困惑——標準化的鍋底完成了對味道的品質控管，中央廚房提升了效率，保證了菜色的新鮮程度，還構建了數字化的管理系統。

不僅是餐飲業，影視圈也有不少自我複製的例子。經典喜劇《六人行》自一九九四年首播以來，已經播放二十多年。直至今天，主角們每年只靠重播，不做其他任何事情，每人也能收入約兩千萬美元。華納兄弟娛樂公司每年藉由出售《六人行》的播放權，就有十億美元左右的營收。《六人行》展現的就是自我複製的力量。

第三，是否有「大規模發展」的潛力。

如果只是很少一部分人的需求，比如極限運動，那就很難做成大規模的專案計畫。至於吃飯，一日有三餐，火鍋順理成為一門有大規模發展潛力的生意。

只有同時具備上面三點，才算找到一個真正的核心。真正的核心還要經歷「有構建系統的潛力」的考驗，才能防止被別人複製。

核心需要有構建系統的潛力

海底撈核心的高明之處在於，它從最開始的「態度好一點」這個樸素的行動，推演出一套系統。這套系統對內有「人文」的一面，例如，關愛員工。其服務生在房租昂貴的北京，住的不是地下室，而是正統的大樓，還有專人負責洗衣服、打掃環境。這套系統對外又有「商業」的一面，例如，極致的服務帶來的「網紅效應」，待客能力強，所以可以在位置不太好但租金低的地方開店。海底撈的這套系統就是它的護城河，別人學不來，也抄不走。

我們再看一個生動的例子，那就是全世界最賺錢的玩具公司——樂高。樂高的產品看似簡單，就是塑膠積木，讓小朋友搭各種造型。但樂高積木的發明人奧萊．克里斯蒂安森在發明這款玩具的時候，就想到它需要具備兩個特點：第一，只有最好的才是足夠好的；第二，製造有系統邏輯的玩具。

樂高是由一個個小零件組成的，它符合核心「簡單」這個特徵。它的零件雖多，但每個零件上部的凸點和內部的孔洞都有著相同的設計標準，能夠相互砌疊，孩子們可以立刻上手，哪怕是亂搭也能拼上去。只要對著說明書就能製作起理想的形態，這讓玩家特別有滿足感。

就樂高的這兩個特點，我覺得海底撈更像餐飲界的樂高，好玩，又不複雜，可複製性強。

另外，樂高又是有系統邏輯的。僅僅憑藉這些基本零件，它就能製作各式各樣的建築，不僅能還原電影《星際大戰》的場景，還能模擬真實生活中的場景。

事實上，樂高沒有迎合時尚，費力製造曇花一現的產品，而是創造了一個連貫、可拓展的玩具世界。這個玩具世界就是一整套系統，進入系統的玩家不會再選擇其他同類玩具，而是想著如何把自己的樂高王國拓展得更大。那些簡單的小方塊必須基於有邏輯的系統，才能煥發生命力。

怎樣找到自己的核心

從海底撈和樂高的案例中，我們明白了核心的特徵，以及對於好的核心的評判標準。我們在生活中，應該怎樣尋找自己的核心，獲取想要的成功呢？

我想借中獎這件事打個比方。我把這個世界上想要獲取成功的人分為兩種：一種是想中大獎的人，一次暴富管終生；另一種人只想中一百元的小獎，但是在發現其中的規律後，反覆購買，中了很多次一百元的小獎。

用巴菲特的一句話形容這兩類人特別恰當：想中大獎的人「試圖跨過七英尺（約兩公尺）高的柵欄」；願意每天中點小獎的人相當於「跨過一英尺（約〇．三公尺）高的柵欄」。

跨過七英尺高的柵欄，適用於極富天賦的人，例如達文西、比爾．蓋茲等，他們能夠快速學習，還能在不同學科之間自由穿梭。可惜，對於絕大多數人來說，這種方法的風險極大，且極難複製。

相反，跨過一英尺高的柵欄，找到可重複的「簡單動作」，對於絕大多數普通人而言，成功的概率要遠大於前者。假如找到這一類方法，你只需要重複、堅持，就能獲得超乎想像的回報。

巴菲特的選擇是，「在投資方面，我們之所以做得非常成功，是因為我們全神貫注於尋找我們可以輕鬆跨越的一英尺高的柵欄，而避開那些我們沒有能力跨越的七英尺高的柵欄」。這句話有一句潛台詞：你必須找到那些可以大規模複製的一英尺高的柵欄，一個個去找就太費勁了。也就是說，找到核心，取得成功的困難點不在於做好一件大事，而在於找到一堆可重複的小事。

為了實現這一點，你需要把握時機，依靠稟賦，做到專業。把握時機是指在對的時間，做對的事，把握時代的機遇非常重要。依靠稟賦，稟賦指天賦，以及你已經擁有的資源。比如，海底撈的創始人張勇的稟賦就是懂服務，只有具備這樣的稟賦，他才能構建系統。

只有上面兩項還不夠，你還需要不斷完善、打磨核心，做到專業，進而挖通自己的專業護城河。

小知識，大重點 ←

1

牛頓只用三大定律就描述了地球上乃至宇宙中物體的運動。馬克士威僅用四個定律就解釋了所有的電磁活動。愛因斯坦則使定律表達的公式變得更加簡潔。

2

這一切都源自物理學家對真理的追求——為所有起初看上去高深複雜的事物尋找簡單合理的解釋。我們可以用這種思路探索「成功」的定律嗎？

3

很遺憾，不行。自然科學的思維方式並不能照搬至社會科學領域。因為人性很難計算，人類社會的理性和非理性猶如難以預測的天氣，人類群體常常像羊群一樣幼稚和衝動。

4

儘管如此，我仍然試圖用「求解」的方式說明本章的內容。但請你理解，我是在努力構建一個思考模型，但絕非提出一個萬能的成功公式。

5 愛因斯坦說過：「事情應該力求簡單，不過不能過於簡單。」我可以套用他的話來描述我定義的核心：第一，核心要力求簡單，這樣才容易被複製；第二，核心要有構建系統的潛力，這樣才會有護城河，所以也不能過於簡單。

6 發現核心是一個求解的過程。對機構和個人來說，也是一個使用「奧坎剃刀」的過程。

7 奧坎說：「能以較少者完成的事務，如以較多者去做即是徒勞。」在科學上，這句話的意思是：如不必借用更多假設就能說明一個事物，那就不要假設，應該像剃刀那樣把多餘的枝葉剃掉。科學上複雜的解釋容易出錯，商業上複雜的模式在複製擴張的過程中也容易出錯，而「簡潔」可能是正確的。

8

然而，「簡潔」（這個詞相對於「簡單」，不容易產生歧義）必須建立在有足夠深度的洞察基礎之上。例如，有人說：「電腦的那些二進制算什麼？《易經》中的八卦早把它講清楚了。」沒有從頭推理，沒有哲學根基，沒有數學公式，沒有足夠的洞察，沒有實驗與證偽，不著邊際地講「大道至簡」，毫無意義。

9

六段「核心」提供的是一種思考問題的框架，這個框架只有結合你的獨立思考，才有意義和價值。你必須深入思考，並且敢於對自己使用「奧坎剃刀」。沒有誰能替代你思考和行動。

10

最後，到底該如何找到自己的核心呢？答案是：Get out of your head and into your life。簡單翻譯一下就是：「醒醒！去做！」

七段・複利
營造長期的局部壟斷

關於複利，最好的老師是樹。

大多數果樹，從種下到長大結果，需要耐心等待，有些甚至要等好幾年。二〇〇二年，褚時健已經七十四歲，開始種柳橙，十年後褚橙才上市。他的太太馬靜芬曾為年輕人寫下「天道酬勤，地道酬善，商道酬信，業道酬精」的勉勵之語。

複利也需要「地」。一切都是圍繞地做生意，農業時代的種地，工業時代的廠房，商業時代的購物中心，心智時代的品牌，信息時代的ＩＰ（知識產權）和虛擬商城。

所以，你的地產生意是什麼？你為自己種下了什麼果樹？

我想先與你分享「Ａ股第一散戶」劉元生的故事。一九八八年十二月，劉元生投資四百萬港元，購買了萬科的原始股，一直持有到現在，漲至將近三十億港元。算下來，三十多年的時間，這筆投資的漲幅接近一千倍。是什麼魔力，創造了如此的財富奇蹟？答案是複利，這是我們在本章討論的主題。

在上一章，我們講述了如何找到自己的核心，這也是在為複利做準備——找到核心、發現商業模式的種子。在此基礎上，我們就可以大面積植樹造林了。得益於七段的複利效應，你會發現，我們在前六段習得的心法將釋放出幾何級數的增長力量。

複利是當代人的必備技能

我需要提醒你，對於上一代人來說，獲得人生的複利是因為運氣，但對於我們這代人來說，它是一項必備技能。隨著未來生物科學的發展，人類的壽命超過一百二十歲，可能就是這幾十年能夠實現的事。當你的一生長達百年時，你可能要更加依靠金融和房產這類被動收入，你的後半生的安排都要被慎重地重新考慮，但大多數人還沒有意識到要為此做準備。所以，複利是你必須下決心攻克的一關。值得慶幸的是，你還有機會早做打算。

我們先來看一個理論計算實驗：假設一張紙的厚度是〇．〇一公分，對折二十次，它的厚度將突破一百公尺；對折四十二次，它的厚度就能達到四十四萬公里。而地球到月球的距離只有三十八萬公里。透過這一串難以想像的數字，我們就可以認識複利的魔力。

複利是一種計算利息的方法。除了計算本金的利息外，新得到的利息同樣可以產生利息，俗稱「利滾利」、「驢打滾」。關於如何獲取複利效應，最生動的是巴菲特的「滾雪球」理論：「人生就像滾雪球，重要的是找到很濕的雪和很長的坡。」潮濕的雪在滾動過程中會吸附更多的雪，你可以把它理解成一項能逐步取得經濟回報的投資活動。坡道則與時間這一變數有關，坡道越長，雪球滾動得越久，（從複利效應理解）你取得的回報也就越多。

現在，複利成為一個時髦的話題。對自己職業的投資、做生意、創辦公司，以及與別人建立親密關係等，都可以用複利來理解，它們都會隨著時間的推移收穫更大的複利效應。

我認為傳統意義上的複利只有兩種：一是固定收益的利滾利，比如儲蓄；二是不動產的持續增值，這可以透過在正確的地段買房來實現。

即使儲蓄（或者指數基金定投這類被動保守的投資），也很難對抗通貨膨脹。而從長期來看，投資房地產的複利效應也並不明顯。

我之所以認為這兩種複利方式有意義，是因為其他領域的複利都面臨一個問題——它會停下來，並不會無限增長。用巴菲特的「滾雪球理論」來說：坡道太短，雪球還沒滾幾下就到山底了，複利效應因而很難實現。

舉個例子，《紐約時報》和推特這兩家公司都很厲害，都有幾千名員工，都是行業領先的信息管道。二〇一二年，《紐約時報》賺了一．三三億美元，推特卻處於虧損狀態。雖然《紐約時報》更賺錢，但虧損的推特更值錢。這是為什麼呢？

有的企業現在很賺錢，不代表未來也能賺錢。拿《紐約時報》來說，雖然它在二〇一二年的時候在盈利，但整個報紙行業呈現走下坡的態勢，過幾年可能就無法實現盈利了。當然，《紐約時報》也可能在數字化時代實現完美蛻變，一切都是不確定的。

事實上，一家企業今天的價值是它以後創造利潤的總和，也就是把未來現金流折算成今天的價值。一家公司之所以值錢，是因為人們認為它在未來的回報率很高。雖然在二〇一二年推特在虧損，但未來它卻有可能取得巨大的收益。一年之後，推特上市，市值高達四十億美元，是當時《紐約時報》市值的十二倍左右。

從這兩家公司的例子可以看到，現在賺不賺錢不是最重要的。有時，找準方向，選擇延遲滿足，可能會有更大的收穫。就像亞馬遜，前二十年一直在虧損，等它開始賺錢以後，就賺得非常多。

當然，《紐約時報》也會抓住數字化浪潮，尋求網路業務的突破。

用壟斷優勢實現複利

既然如此，怎樣才能避免複利停止增長的風險呢？矽谷著名投資人彼得．提爾提出的觀點非常簡單粗暴——壟斷。

「壟斷」的反義詞是「完全競爭」。我們看一組對比：航空業算是一個完全競爭的市場，而網路搜尋則是一個相對壟斷的市場。二〇一二年，美國機票價格平均為一百七十八美元，但航空公司從一張機票中只能賺三十七美分。Google做為網路搜尋的壟斷企業，利潤率高達21%，是航空業的一百多倍。Google當年的市值是所有美國航空公司市值之和的三倍多。

對個人而言，什麼叫壟斷呢？我發現一件有趣的事情——不管你覺得自己內心多麼豐富，你在其他大部分人心目中，可能就是一個標籤。比如，那個特別能聊天的人，那個報表做得好的傢伙，那個搞投資的人，那個賣房子的人，等等。這個標籤是你獨一無二的價值，也是你占據的一個賽道。當別人有相關的需求時，也許第一個想到的就是你。因此，你在一家公司裡面的地位是否牢靠，不取決於你有多厲害，或者有多勤奮，而是取決於你是不是不可或缺。實現個人意義的壟斷，就能避免複利停止增長的風險，持續獲得收益。

延遲滿足與持續學習

複利的道理，似乎人人都懂，但一旦付諸行動，絕大部分人都沒有真正理解時間之於複利的意義。

我們再來看一個例子：美國軍隊縮編，軍人要嘛選擇一次性拿到退休金，要嘛選擇有保障的、分期的年金支付。選擇前者的軍人只能得到「年金支付現值」的40%，但儘管如此，大部分人還是選擇一次性拿到退休金。《高勝算決策》的作者、德州撲克知名冠軍安妮·杜克把這種「以犧牲未來自我為代價，滿足當前自我」的傾向稱為時間貼現。人類很容易為了眼前的滿足而放棄長期最佳的利益。

你可能會說，如果你明白退休金是怎麼計算的，就不會犯這種錯誤了。退休金可以推算出來，但我們還要面對未來的不確定性。

我們總說，要是買對一支增長一百倍的股票，十萬元變成一千萬元，那就「躺著贏」了。說起來簡單，做到真不容易，大部分人就是按捺不住，匆忙賣掉股票。比如你有幸在亞馬遜於一九九七年剛剛上市的時候購買了它的股票，這二十多年股價漲幅高達38600%，你最初就算只買一萬美元，什麼都不做，現在也變成約三百八十七萬美元了。看起來是不是很容易？

實際上，在過去二十年中，亞馬遜的股價曾有三次跌幅超過50%。最狠的一次跌了多少？95%！有多少人能承受這種雲霄飛車般的起落呢？

另外一家公司Netflix的股票，也是超級績優股，算起來複利效應比亞馬遜還高，但它的股價也有四次跌幅超過50%，其中一次超過82%。

再好的雪球，也不會一直向前滾，有時，它還有可能倒回來，甚至把你砸死。

我們在前文提及的「A股第一散戶」劉元生之所以能夠堅持那麼久不賣出手上的萬科股票，有部分原因是他買的不是流通股票，前二十年壓根不能賣。

在不確定性面前，一個人要堅持守住時間是很難的。真正能延遲滿足的人，本質上有一種能著眼長期價值的時間觀。「今日頭條」的創始人張一鳴、「美團」的創始人王興都很強調延遲滿足對一個人的重要性。這其實是強者們的秘密。大部分普通人打折甩賣了自己的未來，誰是買家呢？就是那些能夠做到延遲滿足的人。

安妮．杜克給出的建議是：「想要獲得更長遠的利益，就要放棄這種即時滿足感，透過更準確地理解世界，做出更好的初步決策，更靈活地應對未來的不確定性。」

那麼，想要收穫人生的複利，我們怎樣才能克服不確定性，做到延遲滿足呢？諾貝爾經濟學獎得主約瑟夫．史迪格里茲認為：「學習，是持續增長與發展的關鍵動力。」一項研究表明，在今天的歐洲和北美，75%以上的超級富豪都是靠對沖基金和知識產權致富的，而憑藉知識產權致富的人占據其中的絕大多數。難怪史迪格里茲說，學習能力才是最重要的稟賦。

從財富的角度看，一個人的價值不是他目前的收入，而是他未來能賺的錢的總和。你需要洞悉時間的機制，用持續學習構建自己的壟斷優勢，致力於獲得長期收益，從而創造複利效應的奇蹟。

在七段——複利，我們透過更長的時間維度，重新理解了價值。當代人可能擁有百歲人生，這是前所未有的挑戰。我們能做的就是保有持續的學習能力，培養自己對長期價值的時間觀，收穫人生複利。

小知識，大重點 ←

1

複利看起來不難理解，因為複利本身可實現數字上的戲劇化。其中，最有名的是「二十四美元買下曼哈頓」的故事。一六二六年，荷屬總督花了大約二十四美元從印第安人手中買下了曼哈頓島。到二〇〇〇年，曼哈頓島的價值已達約二．五萬億美元。看起來，印第安人吃了大虧，但其實如果當時的印第安人拿著這二十四美元去投資，按照11%（美國近七十年股市的平均投資收益率）的投資收益率計算，到二〇〇〇年，這二十四美元將變成兩百三十八萬億美元。

2

然而，在我看來，用這類故事解釋複利，只是傳遞了一個知識。我更願意為本書的讀者提供一個有張力結構的認知。

3

什麼叫有張力結構的認知呢？以複利這一章為例，就可以分為四層：第一層——複利很厲害；第二層——複利的本質是什麼；第三層——原來複利很不容易；第四層——如何才能實現複利。從定義到原則再到方法，不斷深挖，而不是停留在表面，否則就只是收集了一個概念而已。

4

一勞永逸的複利增長在現實中幾乎不可能實現。即使過去三十年我們身處一個超級大牛市之中，也很少有人長時間抓住一頭「大牛」，除了被動擁有一套漲了不少的房產（要是能隨便賣，可能你早就把它賣掉變現了），誰曾經一、二十年地持有本益比達十倍乃至一百倍的茅台或騰訊的股票？

5

因此，我採用逆向思維，複利之所以很難實現，是因為雪球會停下來，那麼倒過來想，怎樣才能讓複利不停下來呢？答案是在局部形成壟斷。什麼叫壟斷？一個最簡單的例子就是不動產。一個房子蓋在一塊土地上，從空間的唯一性來說，這個房子就在這塊土地上形成了壟斷。當然，壟斷也是相對的，如果附近類似的地段上出現很多供過於求的房子，或者這個城市的房地產業出現了大規模衰敗，這種壟斷就沒有意義了。

6

在數字時代，空間被重新定義了。鋼筋混凝土的購物廣場變成了手機螢幕上的購物平台；地段的壟斷被流量的壟斷取代。一切變得更加摧枯拉朽，一切又似乎更加不可捉摸。「壟斷」與「永恆」一樣，變成一個動態的名詞。

7

所以我們要格外珍惜自己壟斷的那些東西。你對家人親情的壟斷是無法被替換的，你的孩子是獨一無二的，你自己的一生是任何人都無法從你這裡偷走的。從這個有點抒情的基點往上推理，一個人的壟斷必須從自我出發，是自我的延展。

8

複利是一個基於時間的概念。本章會提及兩個關於時間的關鍵概念：延遲滿足，時間貼現。為什麼有些人厲害，有些人平庸？因為「時間貼現」的人在補貼「延遲滿足」的人。

9

你必須在生命中種上幾棵果樹，無論是財富上的，還是精神上的。財富上的果樹是指，哪怕你在睡覺，果樹也在生長，也在幫你賺錢；精神上的果樹是指，你富足的心靈能變成一罈時間的佳釀。

10 想想看，你打算種下什麼樹？

八段・願景
設計人生導航系統

在「人生算法」的模型裡，做為基本單元的認知飛輪不斷滾動，圍繞核心，像雪球一樣越滾越大。然而，在現實中，這個雪球並非順著坡向下滾，而是像薛西弗斯推石頭一樣，是向上運動的。熵增原理和莫非定律讓世間一切主動的努力都如此艱難。有個願景，會讓自己好受很多。反正都是受罪，乾脆把自己弄得高端大氣一點。

在前面的七個段位中，我們不斷地探尋真理，直逼核心，像滾雪球一樣收穫複利。滾雪球這個動作聽起來很輕鬆，但要實現沒那麼容易。人生之路漫漫，你會遭遇挫折，在不確定的現實森林裡迷路……這段艱難的旅程很像希臘神話裡受懲罰的薛西弗斯所走的路，他每天必須將一塊巨石推上山頂，等石頭滾下來又要將其推上去。這時，我們就需要願景，需要抬頭仰望星空，找到定位的北極星。

我們通常認為，願景是一個很不務實的詞，但是有願景的人比平常人走得更遠。成功的人需要1％的願景和99％的行動，而這1％的願景必不可少。瑞．達利歐將這類人稱為塑造者。他們既有偉大的願景，能看到大方向，又能關注細節，非常現實。就好像特斯拉的創始人伊隆．馬斯克，他可以一頭埋進細節裡，研究電動車的車鑰匙該如何設計，也可以建構願景，思考電動車對世界的改變。他們看起來很矛盾，但這正是塑造者優於常人之處。建構願景就是我們在八段需要的人生修練。

北極星優於地圖

我認為願景由兩大要素組成，即核心理念和未來藍圖。核心理念就是你努力要變成一個什麼樣的人，未來藍圖就是你努力要做成什麼樣的事。比如，迪士尼的願景是成為全球的超級娛樂公司，讓人們過得快樂。

具體來說，願景是一種粗線條的強大算法。企業家傑森．弗里德說，在他們需要頭腦風暴的時候，會用盡量粗的筆。假如你用很細的筆，筆尖的分辨率太高，會促使你擔心一些你不應該擔心的事情，讓你掉進細節裡。相反，如果用又大又粗的筆，你就會關注大方向，從大局出發，聚焦於少數關鍵想法。

願景還會幫你規避一種系統性的風險——過度擬合。這原本是統計學中的現象：在統計模型中，因為使用過多的參數而導致模型對觀察數據過度擬合，以致當用該模型預測其他測試樣本輸出的時候，會與期望值相差過大。算法專家湯姆．葛瑞菲斯提醒我們，不確定性越大，數據越雜亂無章；這時，你越應該注意「過度擬合」的風險。打個比方，你在一片森林裡迷路了，你可以借助兩個工具，一是你手上的那幅地圖，二是天上的北極星。手上的地圖標註得很詳細，但在不斷變化的森林裡，如果你過於依賴格外具體的地圖，一旦出現錯誤的信息，抑或環境發生變化，你就可能陷入原地打轉的困境。這時，走出森林最好的辦法是什麼呢？抬頭看，找到北極星，然後順著大方向往外走，在途中發揮創造性和自主性，隨時應對突發事件。

地圖雖然看起來很精準、很確定，但會讓你陷入細節，失去大方向。北極星雖然很遙遠、形象模糊，但卻是確定的永恆存在。這就是北極星優於地圖的地方——北極星看起來不能解決具體問題，非常抽象，但你還是需要時不時看看它，確定你的大方向沒有偏。這樣你就能理解一句很拗口的話：模糊的精確，好過精確的模糊。

本質上，願景就是一種從全局出發，著眼於長期價值的算法，像北極星一樣指引我們穿越未知的黑暗森林。

願景是怎麼發揮神奇力量的呢？

其一，願景的奇妙之處在於，它代表了一種預見能力，能夠把一個抽象概念轉化為一幅圖景，讓大目標變得可視化。如此，我們就可以在現實的迷霧中看清那些有長遠價值的選擇。

我們知道現在「阿里雲」已經是阿里巴巴集團最重要的業務之一，但是，當年阿里巴巴內部對「要不要做雲計算」產生過極大的分歧。馬雲最後之所以拍板做雲計算，正是因為阿里巴巴的願景是「讓天下沒有難做的生意」。雲計算可以把ＩＴ（信息技術）服務平民化，很小的創業公司也能享受這樣的服務，它符合阿里巴巴的願景和使命。符合願景的事，在長期來看就是對的，值得投入。

亞馬遜的創始人貝佐斯也是這樣做決策的。他說過一段話：「亞馬遜喜歡做五年至七年才有回報的事情。只要延長時間期限，你就可以做許多正常情況下無法企及的事情。我們在願景上固執己見，在細節上靈活變通。」執著於願景，幫貝佐斯著眼未來，做出了很多更有利於長遠價值的選擇。

其二，人是一種需要反饋的動物，但是人生中大部分的事都無法得到及時、具體的反饋。在沒有反饋的時候，你就可能猶豫要不要堅持。對此，《精益數據分析》這本書提到，創業者需要處於一種「半妄想狀態」，才能直接面對創業過程中不可避免的高潮和低谷。不僅僅是創業者，人們在尚未得到充分實證支持的情況下也會「半妄想」一些東西——「我想成為的人」、「我想做成的事」。願景會給予我們不可或缺的鼓勵與反饋。

其三，願景能夠引發化學反應。我經常說，能成事的人有啟發鼓舞人的天賦。一是啟發鼓舞自己，不管前一天多麼狼狽不堪，第二天早上照樣滿血復活。十八世紀的法國學者傅立葉有一則趣聞，他讓僕人每天早晨都對他說：「該起床了，偉大的理想正在召喚你！」二是啟發鼓舞別人，像傳教士一樣宣講自己的願景和夢想，吸引追隨者。

願景為什麼能啟發鼓舞別人？這要從一種了不起的思維方式——「黃金圈法則」說起，很多偉大的企業和個人都是這麼思考問題的。

黃金圈由三個圓圈組成。

裡面的圓圈叫Why，即為什麼，指「目的」。

中間的圓圈叫How，即如何做，指「方法」。

外面的圓圈叫What，即做什麼，指「執行」。

普通人的思維方式是從外到內的，先考慮做什麼，再想怎麼做，最後才問為什麼，也就是What→How→Why。舉例來說，如果是一般的廠商賣電腦，會是這樣一套說辭：

What：「我們做了一台最棒的電腦。」

How：「用戶體驗良好，使用方法簡單，設計精美。」

Why：「能幫你提高工作效率，讓遊戲體驗更好。」

然後對用戶說：「買一台吧！」

厲害的人的思維方式則是由內而外的，即Why→How→What。

比如蘋果公司賣電腦會這麼說：

Why：「我們做的每一件事情，都是為了突破和創新。我們堅信應該以不同的方式思考。」

How：「我們挑戰現狀的方式是，把我們的產品設計得十分精美，其使用方法簡單，介面友好。」

What：「我們只是在這個過程中做出了最棒的電腦。」

最後才對用戶說：「你現在來買一台嗎？」

將兩者對比，可以看到，蘋果公司先闡釋了公司願景，拿出一套極具說服力的理由，啟發鼓舞用戶。這種方式是不是更吸引人？

日本企業家稻盛和夫說過，做企業，需要樂觀地設想，悲觀地計畫，愉快地執行。這句話就是在說，願景需要遠大而美好；制定計畫的時候則要非常理性，做好失敗的準備；執行的時候則要積極擁抱不確定性。事實上，人生何嘗不是這樣？

貝佐斯的三個願景武器

願景在我們的人生中發揮著神奇的力量，我們應該如何找尋自己的願景呢？這裡，貝佐斯提供了三套秘密武器，值得我們學習。

第一，發現哪些事物在未來十年不會變化。我們都喜歡關注變化，但對於找尋願景來說，不變更重要，因為你需要將你的戰略建立在不變的事物上。什麼東西是不變的？其實就是常識和人們一直追求的美好事物。當我們不得不做出重大決策時，可以用這種方式思考問題。

第二，最小化後悔表。貝佐斯在選擇創業時，老闆曾多次挽留他。事實上，他也不確定自己創業是否能成功。真正讓他做出決定的是他做了一個最小化後悔表，他問自己：「假設自己八十歲高齡時回看自己的人生，現在沒有創業，到時候會不會後悔？」如果後悔，那就果斷去做。當你做人生重大選擇的時候，也可以這樣問自己。

第三，「以終為始」戰略。「以終為始」戰略就是先想明白終極問題，再逆向操作。貝佐斯認為在零售業，客戶永遠不變的就是想要更低的價格、更快捷的配送和更多樣的選擇，也就是「多快好省」。他在弄明白客戶究竟需要什麼的基礎上逆向操作，在對的事情上投入大量精力，幫助企業持續獲利。做到這一點雖說很困難，但持續思考「以終為始」戰略，就一定會助你深度思考。

從亞馬遜的例子，我們可以看出，願景不僅僅是為了給別人講故事，更是你做決策的指引力量，是可以取得勝利的秘密武器。

人生道路漫長，我們需要忍受不確定性，獨自在黑暗中探索。願景正是一種偉大的粗線條算法，能夠幫助我們找到目標，制定戰略。就像聖雄甘地說的，找到你的目標，方法就會隨之而來。

小知識，大重點

1. 從數學和圍棋的角度看，馬雲一點也不聰明。眾所周知，他的數學成績很差。從馬雲講過的往事可以推斷，他在圍棋上也沒有什麼天賦，在業餘棋手裡可能都算水準低的。

2. 但是，為什麼這樣一個不夠聰明的人，能夠創造一個龐大的企業？一個簡化的答案是，馬雲自己不懂技術，恰恰讓他避免陷入「過度擬合」的陷阱。這正是我在本章強調的，願景是一種粗線條的算法。尤其是在加入中國文化背景和人文元素之後，對於經營企業而言，馬雲其實是一個算法高手。

3. 一個真相是，我們對現實世界所不知道的東西，要遠遠多於自己所知道的東西。但是，絕大多數人把「熟悉」當作「知道」，所以人們總覺得自己至少知道世界上的大多數東西。這只是一個幻覺。

4

在一個新興的、快速發展的領域，一個專家的知識可能是普通人的十倍，但也只是1%和1‰的區別。大家的知識的絕對值都很低，兩者蠢的程度是非常接近的。換言之，一個承認自己蠢的普通人可能比一個總覺得自己對的聰明人，做出正確抉擇的次數多。例如，認為自己不會炒股的人比認為自己會炒股的人賺的錢要多（或者說虧得更少），至少在中國是這樣的。

5

當我們在未來的森林裡穿行時，可能伸手不見五指。尤其是在那些創新領域，預測是徒勞的，但我們又不能如無頭蒼蠅一般亂撞。解決辦法是，長線如蜜蜂般追逐光源，短線像無頭蒼蠅那樣亂撞。個人和企業都需要對於願景的確定性、對於戰術的隨機性。

6

「人生算法」是一個有點隱喻的標題，也容易被人批評：人生怎麼可能有算法？算法可以是一種程序，可以是一種路徑，也可以是一種增加成功可能性的指引。

例如，願景和價值觀這些元素，其實很容易被量化，被嵌入一家公司的決策系統。又如，投資者越來越意識到，投資對象的品質非常重要。投資是需要計算的，品質怎麼計算？很容易，把品質的權重設為80％就好了。

7

馬雲聰明嗎？按照人們傳統對智商的定義，他並不聰明，這讓我們意識到，對「智慧」的定義應該是多樣化的。同樣，在一個算法時代，我們對算法的定義也應該有更廣闊的視角，畢竟，我們對這個宇宙中最厲害的電腦，也就是人類的大腦，還所知甚少。

8

我不喜歡簡單的隱喻，也不喜歡自大的數字崇拜。在未知面前，我們唯一能做的就是像一個無知的孩子一樣，盡情釋放自己大腦的潛力。

九段・湧現
在自己身上發揮群體智慧

人生算法九段開始時的認知飛輪，像牛頓時代的一個輪子，你可以清晰地計算這個輪子的形狀、品質、受力、方向、速度、加速度。然而，這只是神經元。當我們一步步來到九段，必須認識到，人類的大腦、社會、金融，都是網路化的、無法簡單還原的複雜系統。

人生算法九段，正是試圖在宏觀的世俗世界裡構建一個層層遞進的機制，以踐行個人戰略。雖然湧現是無法被設計的，但我們可以透過個人的「分布式計算」，增加湧現的概率。

從初段的學習開始到現在，我們反覆強調未來的不確定性會越來越大。這種不確定性主要體現在人工智慧的加速發展，讓傳統意義上的「人生算法」失效了。對於個體而言，努力和好運不再是「付出就有回報」的直接因果關係。很多人想拚命，但找不到拚命的地方；很多人被迫拚命，但絲毫沒有希望。面對如此的未來，難道我們只能坐以待斃嗎？

好消息是，答案並非如此。面對這樣極端的不確定和無序，我們還是可以調整自己的算法，用不確定去對抗不確定。九段——湧現就是這樣一種方法。

湧現來自對複雜系統的研究，是複雜系統最顯著也最重要的一個特徵。在系統科學中，大量微觀的個體在一起相互作用之後，就會有一些全新的屬性、規律或模式自發地冒出來，這種現象就被稱為湧現。而且，湧現最終的效果總是「整體大於部分之和」。

蜂群的湧現效應

我想先講湧現在自然界的一個例子。

著名動物學教授卡爾．弗里希曾因一項研究成果於一九三七年獲得諾貝爾生理學醫學獎——他發現蜜蜂可以透過舞蹈交流。當一隻獨自行動的蜜蜂發現一處豐饒的蜜源時，牠會興奮地返回蜂巢，表演一段「8字舞」。之所以叫「8字舞」，是因為蜜蜂的舞蹈路徑形成了一個阿拉伯數字「8」，其中包含一個搖擺運動和一個返回運動。藉此，蜜蜂能夠把花蜜的方向和距離精確地告知同伴。比如，牠擺動臀部的時間越長，就代表蜜源的距離越遠。有意思的是，其他蜜蜂看到「8字舞」後，能自然將其解碼，然後按照同伴提供的信息找到蜜源。

這是大自然的神奇算法。單隻蜜蜂的智慧水準並不高，但按一定的方法溝通起來，蜂群就能發揮卓越的群體智慧。蜜蜂和我們在初段——閉環中提到的螞蟻一樣，採用了非常簡單的算法，然後透過大量個體的嘗試行動，最終得出了最優路線。

人工智慧的先驅赫伯特．賽門啟發我們想像這樣一個畫面：螞蟻費力地穿過沙灘回家，沿途要爬過很多山丘，繞過很多鵝卵石。如果我們對每條可能的路線進行編程，那麼我們注定會失敗，因為路徑可能有無窮多。但螞蟻社會的簡單算法反而能夠讓牠們找到最佳路徑。螞蟻們不斷重複嘗試，走得最多的路留下了最多的信息素，此即最短的路徑。

那麼，蜜蜂和螞蟻的群體智慧跟我們有什麼關係呢？我們為什麼需要在人生裡加入湧現這個複雜的維度呢？

美國學者侯世達提出了一個有趣的想法：螞蟻群落在很多方面和大腦的運作原理一樣。人類的大腦也是由無數個簡單的神經元透過信息交換，湧現出了智慧。侯世達認為，在螞蟻群體和神經元這兩種體系中，整體較高水準的智慧或思想都是從「一隻螞蟻」、「一個神經元」這些「無言的」群體中顯現出來的。

利用湧現的方法，進化已經在蟻群、蜂群和人類的大腦中構建了智慧力量。你的大腦本身就是一個湧現的超級系統。

跨越十七年的攝影展

湧現不僅存在於自然界，將它用到我們的生活中，也會產生意想不到的力量。

十年前，我看過一則新聞，國外有個媽媽辦了一個攝影展，引起了不小的轟動。攝影展的主題很普通，只是攝影師拍下自己孩子的點滴日常，攝影技術也沒有任何高明之處，但是仍然有很多人趕到小鎮一睹為快。這場攝影展的魔力在於：媽媽從孩子出生開始，每天為她拍一張照片，直到孩子成年，一天都沒錯過。雖然每張照片都是那麼普通，但成千上萬張照片串在一起卻給人十分震撼的觀感。這場攝影展產生的「整體」超越「部分」的效果，就是湧現在日常生活中的表現。

我們可以借用親子攝影這個簡單而動人的故事，回顧一下九段心法的學習過程。

初段：閉環，是「按下快門」的這個簡單動作。

二段：切換，在主動控制和自動駕駛兩種模式之間切換。

三段：內控，感知—認知—決策—行動，被簡化為按下快門這個動作。

四段：重啟，每天都能重新啟動一遍這個簡單而偉大的目標。

五段：增長，伴隨孩子的成長，累積的照片素材也在「自動生長」。
六段：核心，母愛與孩子的成長，是不容置疑的核心。
七段：複利，照片越多，疊加起來的時光魔法越強大。
八段：願景，就撫育孩子這個願景而言，媽媽是這個世界上最偉大的CEO。
九段：湧現，媽媽對孩子的愛與行動，經過時間發酵，最終成為一個感動世界的攝影展。

檢視學習的過程，我們可以進一步看看大多數人沒弄明白的兩點。

第一，成功的要素可能很簡單。想要成就非凡的榮耀，並不需要每一個基本要素都是非凡的。就好像在找到最佳路徑的蟻群當中，不是每隻螞蟻都擁有最強大腦。

第二，重要的是系統。一個媽媽拍攝自己的孩子，堅持十七年，這是一件可以系統化的、有機會由量變躍升到質變的事情。反過來看，如果你本身不具備系統，你所付出的努力就很難疊加在一起。這個媽媽給我們的啟發是，別只想著去當叢林之王，僅憑一招定輸贏；你也可以成為蜂群，逐步創造可實現的奇蹟。蜂群的秘密是蜜蜂之間建立了機制，形成了可以創造湧現效果的系統。

如何構建自己的系統

構建自己的系統，需要我們切換角度，重新看待自己。這裡，我想引入時間這個變數：在一個個時間切片裡的我們就像一隻隻蜜蜂。此時此刻的你和下一秒的你是兩隻蜜蜂，做決策的你是一隻蜜蜂，行動的你是另一隻蜜蜂。無數個不同時刻的你疊加在一起，就像蜂群一樣構建了一個智慧系統。你自己就是一個超級智慧系統。

蜂群之間的傳輸控制協議——「8字舞」是這個智慧系統的算法。不同時刻的你之間的關係、反饋、獎賞和連續性就是你的算法。

透過這樣的比喻，我們就能理解，為什麼人和人之間看起來差別不大，但差距卻非常大。原因就在於有些人有系統，有些人根本就沒有系統。這些裝備系統的個體本身就可以視作一套具備算法的智慧系統。這樣的系統能夠不斷進化，創造整體大於部分之和的奇蹟。

如何製作自己的系統？

我其實已經告訴你答案了，它就是本書中的九段心法。從初段到九段的學習過程，也是一個發現自我、找到自己系統的過程。我們可以把它叫作「人生定位」和「個人戰略」。

從初段到九段，正是一個形成個體的人生算法的過程，你應該把自己當作一個有算法的系統來經營。

有系統的人會把自己所有的經歷（無論成敗）都放入系統。他會不斷檢查自己的系統，更新自己的系統。「拼多多」的創始人黃崢就是這樣一個人，他學習了貝佐斯的思路，將自己視為一張資產負債表，把生活、工作中的每一個決策都看作投資決策。這個方法的關鍵就是去分辨用時間和錢換來的東西，哪些是資產，哪些是成本。那些伴隨著時間流逝，讓你的護城河更深，給你帶來新價值的往往是資產，而那些只是當前的消耗，或者時間越久對自己越不利的就是成本。

選擇多投入資產，少投入成本。隨著資產的不斷增長，你這個系統的價值就會越來越大。

我們可以看到，一個人的命運，其實就是他的人生算法的湧現。你只有具備系統，才可以構建不斷進化的人生算法。成功很難被設計，但系統是可以被設計的。當你的系統進化到一個臨界點，世俗意義上的成功也許就會隨之而來。

小知識，大重點 ←

1

我們時而想像自己會某種絕世武功，然後仗劍走天涯。即便在現實裡，我們也被灌輸了類似的觀念：只要你找對方向、方法，勇於付出，一定會有回報。假如功夫下足了，還能夠創造奇蹟。

2

現實果真如此嗎？隨著我們長大成人，我們越來越意識到，「我命由我不由天」只是童話世界的幻想。這個世界並不是根據與「智慧和努力」成正比的關係來犒賞一個人的。

3

實現成功，有點像湧現。當系統中的個體遵循簡單的規則，透過局部的相互作用構成一個整體的時候，一些新的屬性或規律就會驟然在系統的層面誕生。這並不是一個可以簡單用因果規律進行分析的過程。

4

湧現是複雜性（做為一門有爭議的科學）的本質。人生算法將一個人在不同時刻的無數個切片比喻成一個蟻群式的複雜系統。我們想要追求的不同凡響的成功，其實就是你自己這個複雜系統的湧現。

5

讓我簡化一下這個概念，複雜的世界有兩個讓我們苦惱的特點——第一，理性沒有我們想像的那麼強大；第二，我們給了現實太強的線性假設，但它並非如此。這兩點就可以摧毀我們對絕世武功的幻想。為什麼呢？因為在現實的複雜性中，再厲害的武功也不會顯得強大。即使有這種武功，你的付出和回報也不會是成比例的線性關係。

6

因此，我們可以得出幾個會讓勤奮好學者失望的結論——第一，成功學基本上是刻舟求劍，幾乎毫無用處；第二，太深謀遠慮並無益處；第三，定向培養幾乎沒有用處；第四，目的性太強不會幫助你接近目的地。

7

關於成功學無用，舉個最簡單的例子：在經濟領域，最厲害的經濟學家可以得諾貝爾獎，卻無法成為股神，儘管後者看起來似乎更簡單。複雜系統的一個特點就是，其湧現出來的新特質無法被化約，不能被還原。也就是說，再偉大的成功也不能歸納總結出一套成功學。

8

關於太深謀遠慮並無益處，想一下我們提過的蟻群算法：螞蟻社會裡並不存在一個諸葛亮，沒人從一開始就可以靠謀劃找到最佳算法，更別說遠距離的預測與策略了。最佳答案是透過許多隻螞蟻的簡單動作、基於信息素的算法而實現的。蟻群系統不存在中央控制，它透過簡單的運作規則，產生複雜的集體行為和信息處理工作，並透過學習和進化產生適應性。

9

關於定向培養幾乎沒有用處和目的性太強不會幫助你接近目的地，並非指願景和動機無關緊要。梅西小時候在街頭踢球，你根本無法一眼將他從一群熱愛足球的孩子裡甄選出來。

要想擁有一支厲害的足球隊，不能用木匠做椅子的方式，而要用園丁耕耘花園的模式。足球如此，數學家和諾貝爾獎得主的培養也是如此。這絕非「需要一個巨大的基數」這麼簡單。因此，複雜系統是非線性的。如果太功利，反而會讓你的目的更難實現。目的就像一個你追逐的美女，追得太緊，她反而會跑掉。

10

人世間存在絕世武功嗎？其實我想說存在，那就是你我的大腦。海耶克說，腦內的創造性過程就是一種複雜系統。你我獨一無二的意識（這個宇宙中到目前為止最大的秘密之一），其實就是湧現的結果。為了成功，我們要重新定義「不罷休」和「努力」：花園裡注定要長滿花草樹木，但你不知道哪顆種子會發芽、哪棵樹會枝繁葉茂並掛滿果實。你要做的不是追逐果實，而是當好自己的園丁。果實只是一個結果而已。

PART 2 人生算法十八關

我們的目標是用理性思維和科學方法消除「夾層解釋」，直接面對人生難題，將難題一層層剝開，探尋其本質。將人生磨難視為一場通關遊戲，可以增添些許喜劇色彩，幫我們擺脫宿命論，以一種超然的態度理性地迎接挑戰。

本部分可以幫助你我既能夠在世俗世界過得更好一點，又能追求真知，探尋意義，獲得智識上的愉悅。

第一關・片面
用三個開關打開人生局面

電腦、大數據、人工智慧的飛速發展，以及金融市場和全球化經濟的進程，令概率成為現代人必備的「底層算法」。科學家說，人類的大腦可能天生就是一台懂得貝葉斯概率算法的機器，只是人類很晚才懂得如何計算概率，所以人類大腦很難對概率計算形成直覺判斷。

讓我們看一下，世界上最厲害的人的基本共性——從最根本上思考事物的本質。當試圖探尋一個不確定的世界的本質時，你必須運用概率思維，否則就是耍流氓。

三個開關

你面對的第一道難題是片面。想像一隻在紙上爬行的螞蟻，牠的世界是單層的。如果四周有不可逾越的障礙物，牠就完全被困在這個平面上了。

現實世界是立體的。如果那隻困在紙上一籌莫展的螞蟻能夠突破片面思維，就會發現原來還有直上直下的電梯，可以通往其他層面。

為了解開片面這一難題，找到通往其他層面的方法，我設計了三個開關。

第一個是「教練」開關，負責調兵遣將，分配賽道。

第二個是「老闆」開關，負責找到最好的賽場資源。

第三個是「玩家」開關，負責全力以赴，執行任務。

當這三個開關共同作用的時候，你就可以跳出片面的局限，進入更廣闊的立體世界，取得世俗意義上的成功。

「教練」開關：選賽道比努力更重要

我們來做一道選擇題：如果現在是一九九八年，你手頭有五十萬元，你會選擇創業，還是買房？

有人選擇創業，因為他們發現馬雲、馬化騰、丁磊這三位網際網路大老都是在一九九八到一九九九年創業的，啟動資金都是五十萬元。假如這三位大老沒有創業，而是跑去買房，收入肯定會大幅縮水。《商業周刊》的一則統計數據提醒我們，創業成功率約為2%。假設一個有五十萬元啟動資金的創業者收益五千萬元，即一百倍的回報，這個數字看起來非常可觀。但如果我們按創業成功的概率，將上述收益折算到每個人頭上，人均回報就只有啟動資金的兩倍。

如果在那個時候買房子呢？閉著眼睛都能漲五到十倍，成功率100%。再算上三倍的抵押貸款槓桿，每個人的實際回報能有十五到三十倍。

因此，做為一個理性的決策者，在當時你還是應該買房，而不是創業，選對一個正在上升的賽道可能比天賦、能力、努力都重要。市場上有一個殘酷的事實：有些行業賽道就是好過他者。製藥廠或銀行即使管理不當，它們的長期資本回報率還是高於運作精良的煉油廠或汽車零件製造商。這不僅僅是多賺一點、少賺一點的區別。

只有專業，沒有賽道意識，可能會釀成悲劇。

一九九四年，柯達的膠卷業務在中國市場受到富士公司的強烈衝擊，節節敗退。按照常規的打法，柯達幾乎沒希望翻身，所以它使出了一個超級大絕招——出資十億美元，全行業收購中國膠卷企業。此招一出，中國膠卷行業的七家企業與柯達合資，柯達股價大漲，在中國市場也反超富士，市場占有率高達67%。

柯達看似取得了市場戰的勝利，但在當時，全球照相機行業發生了一個巨變——數位相機正在崛起。二〇〇二年，數位相機銷量首次超過傳統相機。柯達早在一九七五年就發明了數位相機，但因為關注當下的現金流，三十多年來依舊堅守傳統膠卷的賽道。

今天的我們知道，柯達打贏了一場戰鬥，卻失去了整個戰役。這個玩家的戰鬥力固然爆表，但因為選錯了賽道，最終在賽場折戟沉沙。

麥肯錫公司的一項研究表明，超過70%的公司是隨著行業趨勢的上升而上升的。行業和區域是決定公司利潤的兩個重要因素。一家公司在行業和區域的利潤曲線會上下移動，漲跌空間不會超過25%。選擇行業就像選擇乘電梯，還是爬樓梯，只要你進入電梯，大概率是隨著它上上下下。

不僅公司有選賽道的問題，個人也有。有人說，如果要選擇揮拍類運動，你最好模仿網球名將羅傑．費德勒，而不是羽毛球冠軍林丹。同樣是排名前十，網球運動員的收入比其他揮拍類運動員要高十到二十倍。林丹絕對有天賦，訓練非常刻苦，戰績也很好，算得上頂尖的羽毛球運動員，但是他無法克服羽毛球這一行業相對於網球的劣勢。即便做到世界第一，收入還是遠不如費德勒。

我也有這樣的感受。我在讀書的時候拿到學校的圍棋冠軍，結果並沒有什麼人關注。打籃球的男同學即使只是參加班級之間的友誼賽，也會有很多女生圍觀喝采。這就是「男怕入錯行」的悲劇性後果。

前面說的柯達公司在中國使出超級大絕招，發揮出一名玩家的最高水準，但因為沒能轉開「教練」開關，選錯了賽道，最終輸掉了整個戰役。

透過上述兩個例子，我們可以看到「教練」開關的重要性。它能幫助你跳出一個玩家的視角，從一個專業教練的層面制定戰略，選擇正確的賽道。當然，僅僅做對選擇還不夠，你還需要在這個賽道打開局面，站穩。這時，你就需要用上「老闆」開關。

「老闆」開關：洛克菲勒轉動開關，整合資源

十九世紀第一個億萬富翁洛克菲勒曾經就面對這樣的問題。一八七〇年，洛克菲勒在創立標準石油的時候，轉動了「教練」開關，明智地選擇了石油行業。當年，石油業蒸蒸日上，潛力無限，但洛克菲勒發現，若想在石油行業進一步發展，問題就出現了——當時絕大多數企業都在虧損，因為小煉油商技術差，造成了很大的資源浪費和環境破壞，而且行業分散，大家都各自為戰，所以石油價格很不穩定，沒有人願意持續研發新技術，行業得不到發展。這時，洛克菲勒啟動「老闆」開關，開始整合分散的石油產業。擺在他面前的有幾個困難：沒那麼多錢，合夥人跟他不是一條心，行業分散，上下游水準參差不齊……洛克菲勒曾說，每個人都是他自己命運的設計師和建築師。他是如何一一解決問題，設計、建造自己的命運的呢？

首先，他花大價錢買回合夥人的股份，從此統一了公司的話語權。

其次，為了解決資金問題，他在一八七〇年建立了一家股份公司，也就是標準石油公司，以吸引外部資本。標準石油公司分離出了煤油中的汽油，讓煤油不那麼容易失火。洛克菲勒透過向客戶提供最穩定、最安全的煤油產品，在市場上備受歡迎。

再者，因為分散的行業得不到進一步發展，洛克菲勒就大規模整合了他所在的煉油業。從大本營克利夫蘭出發，洛克菲勒征服了本地的二十幾家競爭對手，並繼續

將煉油業務擴展到其他城市。

最後，洛克菲勒沿著產業鏈縱向擴張，整合採油、煉油、運油甚至銷售等業務，實現了從開採石油到將石油產品送到消費者手上的全產業鏈掌控。

大多數煉油商覺得自己是一家公司的老闆，但他們沒有意識到，他們只是整個行業裡的一個小小玩家。洛克菲勒並沒有滿足於玩家的身分，而要繼續做整個行業的資源整合者。因此，我認為他真正轉動了「老闆」開關。「老闆」開關的核心是如何正確地對待資源。洛克菲勒沒有把缺少資源當作限制，而是尋找機會甚至改變環境，以獲取自己需要的資源。

「玩家」開關：努力把一件事做到極致

透過洛克菲勒的商業案例，我們再用三個開關來分析一下他是如何成為石油巨擘的。

剛剛進入這個行業的洛克菲勒，在任何一個層面都並不領先。

在「教練」開關代表的戰略選擇層面，洛克菲勒和其他人一樣被堵在煉油行業這個賽道上。

在「老闆」開關代表的資源層面，洛克菲勒沒有領先對手的地方。

在「玩家」開關代表的專業能力層面，他也談不上有什麼「別人賺不到錢但我能」的獨到之處。

但洛克菲勒把所有劣勢化為優勢。很多人會把難題看作一道密不透風的圍牆，若要破解，最多苦苦索求一個破局點，或者在一條線上想問題。洛克菲勒呢？他用一條條線索構建了一個抽象的本質世界，順著別人看不見的樓梯上樓。

從專業能力層面來看，標準石油公司的產品是當時市面上最安全、最穩定的煤油產品，洛克菲勒轉動了「玩家」開關。

從戰略選擇層面來看，洛克菲勒選擇了煉油這個賽道，在這個賽道做到集大成之後，他又拓展到整個石油行業。

從資源層面來看，洛克菲勒不僅像我們在上述提到的，整合了行業內的資源，還調集銀行業、鐵路行業支撐他實現目標，可以說把「老闆」開關運用到了極致。

洛克菲勒最大的秘密是把這三個開關代表的三個層面當作整體進行構思。他有一種上帝視角式的鳥瞰思維，把三種不同層面的思維模式納入一個系統化結構，從而創造了財富奇蹟。

這樣，你就能夠理解，為什麼我們身邊混得好的人，既不是最聰明的人，也不是最懂營運的人，更不是資源最多的人，而是同時把三個開關用得最好的人。做到這一點，我們就可以跳出片面的局限，進入更廣闊的立體世界。

小知識，大重點 ←

1

一個人取得成功到底靠的是什麼？努力，能力，運氣，關係？要回答這個問題，只選一個答案沒用，選「以上皆是」也沒用。這就像問你汽車的四個輪子哪個重要，說其中之一肯定不對，說四個也非正解。只有當這四個輪子透過一個系統一起工作的時候，車才能開動起來。本章講的，就是如何構建一個這樣的動力學系統。

2

一個厲害的人兼具「老闆、教練、玩家」三層思維。巴菲特在投資方面特別厲害的一點是，他當過球員，當過教練，也當過老闆。青少年時，他在理髮店經營彈珠台生意，涵蓋連鎖、新零售、博彩等多個熱門概念，放在今天都很時髦。當他用股權投資企業時，其實就是當教練，在過程中改善經營，爭奪管理權，與工會鬥爭，表現得相當冷血和強硬。

3

如果你是一個有豐富資源的人，也別太迷信自己的關係。你要想的是，如何設計自己的動力系統，創造有價值的東西。

4

再回到我們的話題，三個開關對應著一個「三層模型」，即資源層、配置層、專業層。你並不需要在每一層都表現得很厲害，關鍵在於你能否將這三層打造成一個完整的系統。

5

在這三層具體應該怎麼做呢？

「資源層」關鍵字：獲取資源，為自己製造運勢，保持開放性。

「配置層」關鍵字：分配資源，理性，遠見，計算，確定將要去的地方。兩個字——將、要，本質上也是分配概率。

「專業層」關鍵字：做一個職業化的執行者，發揮個人的獨特優勢，只要穩定在某個水準就可以。例如，你有52%的勝率，穩穩地實現即可。不管好壞，打出去，只管自己正常發揮，並不斷提升。贏了開心，輸了認命。

6

當你有「專業」時，要想辦法形成對資源的「優先權」；當你有「資源」時，要盡快讓自己的專業對得起自己的關係；而在「配置層」，你要像一個教練或者牌手，不僅冷靜地打好手上（或好或壞）的牌，還要想著如何讓自己的下一手牌運氣更好。

7

經過九段心法的學習，你已成為一名出色的玩家。現在，你將進入通關挑戰，在各個關卡克敵制勝。

通關挑戰的各個關卡暗藏著陷阱和很多意想不到的難題，我會帶你一一面對這些難題，掌握解決和戰勝它們的人生算法。

第二關・狹隘
窮人思維是打折甩賣了概率權

概率權是指概率是一個人的權利。人們對這項權利的理解和運用，決定了他們在現實世界中的財富。

進而，概率權還可以是概率的分配權。例如，流量、IP等，背後其實都是平台的概率權分配遊戲。尤其在信息時代，萬物皆被編碼。這意味著，可以透過數字化的「碼」控制物理世界的「萬物」。

為了公平，這類控制通常是透過概率權實現權利與財富的轉移。商業世界的新平台對舊平台的衝擊，也是打破舊有概率權分配，建立新的概率權分配機制。

這就是商業世界的算法。

狹隘是我們面臨的第二個人生難題。人和人之間的差異很多時候不在於能力，而在於眼界。盲區內的一些事物總在不經意間被我們放棄了。我希望，透過比較富人思維和窮人思維的差異，能夠幫助你把握時間權和概率權，用更廣闊的視野看待日常生活中的抉擇與挑戰。

富人思維與窮人思維

富人思維與窮人思維最大的差別在哪裡呢？我在觀察、分析後得到的答案是兩者的期望不一樣。

期望是概率論裡的重要概念，可以把期望理解為你對未來的預期。你可能會認為，預期不過是一種心理活動，它為什麼能塑造兩種截然不同的思維方式並產生那麼大的力量呢？

事實上，期望衍生出了兩種權利——時間權和概率權。

時間權可以理解為，你能不能掌握時間帶給你的價值。如果你對未來預期很高，你就能忍受當下的不確定性，延遲滿足，這樣你就掌握了時間權。相反，要是對未來沒有抱很高的期望，你當然希望盡快兌現，你就在無形中打折甩賣了時間權。舉個具體的例子，你種了一片蘋果林，要三年後才結果，但你等不及，很快打折處理了樹苗，這就是放棄時間權的典型表現。

把掌握時間權這件事做到極致的一個人是巴菲特。他堅持長期持有有價值的資產，做時間的朋友。按常理來說，巴菲特在買入資產的時候肯定希望拿到一個好價格。反過來看，誰會把好公司便宜賣給他呢？

還真有人願意，就是那些打折甩賣自己時間權的人。

二〇〇八年，高盛在金融危機的衝擊下岌岌可危，巴菲特用五十億美元的價格購買了高盛的優先股。這筆交易還附帶一個權益，巴菲特在五年內有權低價買入高盛四千三百五十萬股股票。僅這一筆交易，巴菲特就拿到35％的回報。

概率權跟時間權有點類似，它看的是你能不能計算出一件事成功的概率，同時可以承擔它失敗的風險。如果你承擔不了一點風險，希望得到百分之百確定的答案，那你就完全放棄了概率權。舉個例子，有個倒楣鬼欠了黑幫一百萬元，如果不馬上還，他就會沒命。當時他手上正好有一幅祖傳名畫，市場價值五千萬元，但因為他想馬上換錢，買家只肯出一百萬元。這時，他非賣不可。有時，有些人手上的概率權，就像這個倒楣鬼手上的名畫，明明很值錢，卻不得不打折甩賣。這就是被迫放棄了概率權。在更多的時候，是我們自己主動放棄了概率權。

用概率權理解兩個按鈕的選擇

若要深入理解個體對概率的好惡，我們可以回到本書一開始提到的「兩個按鈕」的選擇題。看看在概率權的視角下，我們應該怎麼做選擇。

假設你現在面對兩個按鈕：如果你按下第一個按鈕，直接給你一百萬美元；按下第二個按鈕，你有50%的機會拿到一億美元，也有50%的機會什麼都沒有。這兩個按鈕只能選一個，你會選哪個？

大部分人選擇直接拿一百萬美元，因為這本來就是飛來橫財，落袋為安。你做出這個決策的時候，就已經放棄自己一大部分的概率權。其實還有更多更好的辦法能讓你的收益最大化，同時也規避一定的風險。我想帶你用概率的思維分析這些精采的策略是如何實行的，以及它背後的算法究竟是什麼。

我們先要理解期望值的概念，它是概率分布的一個經典描述量。簡單來說，把試驗中每次可能的結果乘以這個結果出現的概率，就能得到一個期望值。

我們計算一下上述兩個按鈕的期望值。

第一個按鈕，結果是確定的一百萬美元，概率100%，兩者相乘，期望值是一百萬美元。

第二個按鈕，結果是一億美元，但拿到的概率只有50%，兩者相乘，期望值是五千萬美元。

從概率的視角看，我們肯定選期望值更高的五千萬美元。那些拿走確定的一百萬美元的人，一方面是因為他們無法忍受有50%的可能性什麼都拿不到；另一方面更是因為他們沒有掌握概率權，無法理解價值五千萬美元的期望值。

在理解期望值的概念以後，我們就能跳出二選一的選項，透過概率思維找到實現收益最大化的方法。例如，第一種方法是把按按鈕的權利以兩千萬美元的價格賣給別人，讓更願意承擔風險的人幫你接手。對他來說，用兩千萬美元換得五千萬美元的期望值是划算的。你獲得了確定的兩千萬美元，你的期望值就從一百萬美元提升到了兩千萬美元。

要是找不到理想的接手人選，還有第二種方法：找到一個比你有錢的人，把選擇權以一百萬美元的價格賣給他，但同時約定，如果他中了一億美元就兩人平分。你的收益保底也有一百萬美元，要是中獎還能再分五千萬美元，你的期望值又提高了。

還能不能進一步擴大你的概率權呢？第三種方法是把這個選擇權「切碎」了變成彩券，兩美元一張，印兩億張。不計彩券的印製和發行成本，你就能進帳四億美元。就算頭獎分走一億美元，你還能賺三億美元。

聽到這裡，你可能會覺得有點奇怪。開始的時候面對兩個選擇，一個是確定的，一個是不確定的。可是這個不確定的選項到最後怎麼就變得確定了，而且收益要比前者高得多呢？

這就是窮人思維和富人思維的最大區別——我們在生活中面對各種各樣的選擇，每一個選擇背後都有成和敗的概率，窮人思維傾向於拿到確定的東西，放棄概率權；富人思維正好相反，每次選擇的時候都願意根據成功的概率和自己的本金下注，計算期望值，珍視自己的概率權。

請注意，珍視概率權不是讓你去賭，而是跳出自己的直覺本能，用概率思維思考自己的每一個選擇。反過來看，窮人思維放棄概率權，不是說他們不去賭。這種思維方式更傾向去賭一些極低概率的事情，比如買彩券，兩塊錢兩塊錢地買，博一個發財夢。但明白彩券原理的人都知道，買彩券成功的可能性幾乎為零。組織銷售彩券的人正是按照概率思維設計了這套機制，他們反而是穩賺不賠的。就買彩券這件事來說，我覺得是窮人在補貼富人。

再來看看富人思維。祖克柏創業沒多久，雅虎公司就出價十億美元收購臉書。這是一次大發橫財的機會，但祖克柏拒絕了。他面對的選擇是馬上拿到十億美元，還是以百分之幾的可能性，在數年之後拿到一千億美元。這跟我們前面舉的那兩個按鈕的例子非常像。

幾年之後，另一家創業公司Snapchat用類似的方式拒絕了祖克柏三十億美元的收購要約。這是矽谷精神的一種表徵：不僅僅是發財夢，更是一種財富觀，一種雄心壯志，一種對概率權的把握。

擁有富人思維的人會充分運用自己的時間權和概率權。擁有窮人思維的人則會打折甩賣自己的時間權和概率權。問題來了，大家都知道概率權和時間權對於發展富人思維而言非常重要，為什麼卻很少有人能夠把握兩者呢？

我認為主要有兩個原因。一是人類天生討厭不確定性。概率權是不確定的，時間權是未來的。我們的大腦喜歡確定的東西，喜歡現在就能看見、能摸到，它會把你拉向窮人思維的那一邊。二是因為人類的時間和大腦的計算能力是有限的，大多數人不會用概率的思維思考問題，而是依賴直覺，這又容易讓我們陷入窮人思維的陷阱。

如何擺脫窮人思維？

在看到富人思維與窮人思維的差異後，一方面你肯定迫切想擺脫自己身上的窮人思維，另一方面你也會感到好奇，許多書香門第、財富世家為什麼能夠源源不斷地出現擁有富人思維的厲害人物呢？除了基因、資源方面的因素，我認為可能還有以下三個原因。

第一，他們從小就有足夠高的參考點，不容易被小利益誘惑，更能承受風險，從而獲得高回報。就像最開始的例子，如果你家裡已經有一千萬美元，你對那白來的一百萬美元就沒有那麼渴望了，它的誘惑力就沒有那麼大了。

第二，身邊人的示範效應。爸爸、叔叔、伯伯會不斷告訴他們要往前看，他們的成就絕不僅僅是眼前這一點。

第三，在這樣的環境裡長大，他們內心的理想、激情有更多的機會被點燃。

但是，絕大多數人不會生於書香門第或者財富世家。幸好，這個世界給每一個人都留了一道後門：你可以透過學習超越自己與生俱來的家庭局限，認識概率權，掌握概率權。要知道，這是我們的大腦裡發生的事情，雖然它千難萬難，但畢竟我們不需要任何額外的資源，沒有任何人能夠阻止。

我想用哲學家吉姆．霍爾特的一則生活信條來做總結。霍爾特表示，我們所生活的這個世界是一個隨機產生的不完美的世界，它既有好的成分，也有壞的成分，但我們可以透過行動將好的成分放大，將壞的成分縮小，這也是我們生活的一種目的。

理解概率權，你就掌握了這個放大和縮小的工具。理解時間權，你就能追求長期價值。掌握兩者，將富人思維運用至生活的方方面面，你就可以克服狹隘，用更廣闊的視角看世界。

小知識，大重點 ←

1 「選擇」是人類歷史的核心關鍵字。人類即自然選擇的產物。

2 在心理學中，決策是一種認知過程，個人經過這個過程後可以在各種選擇方案中，根據個人信念或者綜合各項因素的推理，決定如何行動，或者表達自己的意見。每個決策過程都會以產生最終決定、做出最終選擇為目標。這些選擇的形式可以是一種行動或意見。

3 決策有如下三個讓我們困惑的地方：它有取有捨，它有得有失，它有不確定性。

有取有捨：有人說決策就是選擇，不僅如此，你還需要捨棄。而且根據莫非定律，你捨棄的東西經常比選擇的東西要好。

有得有失：決策不是以不後悔為目的的，因為後悔無法被消除，我們只能理性地追求後悔最小化。

不確定性：是否後悔，後悔程度有多高，在決策的時候，總是霧裡看花，只有在事後才可以評估，但又為時已晚。

4. 決策的不確定性，大概源於事件上的不確定性和時間上的不確定性，兩者交織在一起，為決策者帶來巨大的挑戰，但也形成了套利空間。

5. 什麼叫套利空間呢？就像「賭玉」，面對原石，誰也不知道裡面玉石的好壞與大小，只能靠賭，也就是根據概率做決策。你出價太低則搶不到機會，出價太高則可能虧本。所以，擁有概率優勢的人，就有機會賺更多的錢。

6. 還有一個時間上的套利空間：著急想變現的人，常常提前打折甩賣自己的資產和未來。

7. 以上兩條，分別對應著「概率權」和「時間權」。概率權是我原創的一個詞，並非我多麼熱衷於創造概念，而是這個詞的確表達了一些新的意思。假如有更好的概念，我們將其替換掉就好了。

有人說，這不就是期權嗎？當然不是，因為概率權與當下的決策有關。

那麼「概率權=概率+選擇權」嗎？假如是，「概率權」這三個字至少省了兩個字和一個符號。

8

我一直覺得，成年人的絕大多數用於自我完善的努力其實都沒有意義，因為成年人早已成型。不信你看看周圍的人，如果誰走了好運，大多是因為他堅持做自己，做對了選擇。

所以，對於個體來說，最能改善生活與事業的，是提升自己的決策能力。

9

「選擇比努力更重要」，這句話對，也不對，因為很多努力就是為了獲得「選擇權」。

然而，大多數人對於看得見的努力，願意拚命投入；對於看不見的選擇，卻倉促行事。

10

有研究表明，窮人和富人的差別，不僅僅源於機會的差別，而是即使面對同樣的機會，窮人也很難做出正確的選擇。
這就是我所說的被放棄的概率權。

第三關・模糊

量化思維比精確數字更重要

當人們意識到這個世界充滿了不確定性，一部分人選擇任由其模糊不清，一部分選擇用思考去丈量未知。

人們有時感慨「道理」不能讓人過好這一生，大多是因為無法量化的「道理」未必是精準的。

另外，我也喜歡愛因斯坦的一句話：「不是每一件有意義的事物都可以被量化，也不是每一件可量化的事物都有意義。」

用量化思維找到綁匪

故事發生在一九三三年，幾個人蒙面、持槍搶劫了美國石油大亨烏舍爾。烏舍爾一路被蒙住眼睛、塞上耳朵，沒辦法看見行車路線，抑或聽到周遭的聲音。綁匪用非常巧妙的方法拿到了二十萬美元的贖金，經過長途跋涉躲到一個偏僻的地方。他們神不知鬼不覺，沒有給警方留下任何痕跡。如此看來，這樁綁架案的犯罪分子的行動堪稱完美。但到最後，綁匪還是被抓住了。怪就怪綁匪綁錯了人——他們綁架的是一位量化思維的高手。

烏舍爾在被綁匪釋放後，向FBI探員提供了三條線索，每一條線索都是經過量化的。

第一，被綁架一個多小時後，他們經過兩個小油田，或者兩個大油田的邊緣，他的職業經驗讓他聞出了油田的氣味，並隱約聽見了鑽井的聲音。

第二，他根據車速和時長，估計汽車開到關押點，行駛了大概九百六十公里。

第三，他聽見被關押地上空每天有兩次飛機降落，他估算航班間隔時間，推測這兩個航班降落的具體時間分別是早上九點四十五分和下午五點四十五分。

FBI根據這三條線索，在地圖上圈定範圍，很快鎖定了德克薩斯州一個偏僻的農場，果然在那裡抓住了綁匪一家。

換作別人被綁架，肯定會手足無措，烏舍爾卻一路上在大腦裡按秒錶，數數。雖說他做的這些計算並不複雜，但它們疊加在一起卻實現了堪稱傳奇的效果。

什麼是量化思維？

簡單來說，量化思維就是用數字解決問題。在剛才說的那起綁架案中，當事人就是用量化思維，記錄並估算所有相關的數字，從而提供了非常有價值的線索。

《黑天鵝效應》一書的作者納西姆．塔雷伯說：「數學不只是『數字遊戲』，更是一種思考方式。」塔雷伯自己就曾用一個數學概念，幫助讀者更充分地理解金融風險：「你需要提醒自己，如果一條河的平均深度為四英尺，就千萬不要過河。」

四英尺有多深？大約一．二二公尺，對於一個成年人來說，大概是剛到胸部的高度。水不深，為什麼不能過河呢？你要意識到一．二二公尺是平均深度，河邊也許只有十公分深，河中央就可能有兩公尺深。如果不慎跌入兩公尺深的泥沼裡，那可就危險了。

我們都知道金融市場有風險，但對於具體風險是什麼，我們並沒有真切的感知。塔雷伯只用了一個簡單的數字比喻，就把金融風險的概念講明白了。

量化思維不僅能幫我們理解現實，還能幫我們更精準地定位未來。Uber創始人崔維斯．卡蘭尼克在構思「網路預約計程車」這個新鮮的商業創意時，將量化思維用於沙盤模擬——如果一個城市只有三輛車可以供應，那麼用戶叫一輛車至少要等二十分鐘；但如果有二十輛車可以供應，用戶等的時間就會縮短，會吸引更多的人使用這個工具，司機的收入也會相應增加。透過量化思維，卡蘭尼克估算出網路預約計程車的規模效益能夠發揮的作用，從而確立了自己的商業模式。

可以看到，上述幾個採用量化思維的案例僅僅用到了加減乘除，並沒有刻意追求精確的計算結果。應用信息經濟學創始人道格拉斯．哈伯德在《如何衡量萬事萬物》一書中點出了量化思維的關鍵之處：量化的概念是減少不確定性，沒有必要完全消除不確定性。

怎麼理解這句話？其實就是範圍比精準更重要。量化是初步圈定範圍，但並不要求一步就實現絕對的精準。前文提及的綁架案，當事人的量化數據未必精準——「可能有油田」、「大約開了多久」——都不是確切的數據，但它們疊加在一起，一步步確定範圍，就能幫助ＦＢＩ找到相應的位置。

精準的數據不重要，真正重要的是什麼呢？哈伯德認為，「量化方法就隱藏在量化目標中。確定真正要量化什麼，是幾乎所有科學研究的起點」。也就是說，最重要的是搞清楚要量化什麼。若能弄明白自己需要量化的指標，該怎麼量化就會變成一件水到渠成的事。

如此看來，量化思維的關鍵在於找到應該量化的指標，這其實也是解決問題的關鍵所在。掌握了量化思維的關鍵，某種程度上你就解鎖了解決問題的能力，能化解生活中一些看似無解的問題。比如，應聘者在矽谷面試的時候很容易遇到這一類問題：「西雅圖有多少個加油站？北京有多少家星巴克？」

你可能會疑惑：「沒有參考數據，我怎麼知道答案呢？」事實上，這類看起來回答不了的面試題，就是要考驗一個人用量化思維一步步找到真相的能力。像這樣考驗量化思維能力的問題，又名費米問題。費米本人曾提過一個典型的估算題：「芝加哥有多少個鋼琴調音師？」他從題眼裡找到了真正需要量化的指標，漂亮地解決了這個問題。具體來說，費米先提出了以下幾個假設：

1. 大約有九百萬人生活在芝加哥。
2. 在芝加哥，平均每個家庭有兩人。
3. 大約每二十個家庭中，就有一個家庭需要定期給鋼琴調音。
4. 鋼琴每年需要調音一次。
5. 每個調音師大約需要兩小時調音，包括路上的時間。
6. 每個調音師每天工作八小時，一週五天，一年五十週。

上面這些數字都是估算的，都很不精準，但透過這些量化的指標，我們可以得到芝加哥每年有二二．五萬架鋼琴需要調音，結合每位調音師的工作時間，可以估算出當地一共需要兩百二十五名調音師。

實際上，芝加哥約有兩百九十名鋼琴調音師，這和上述估算的數值非常接近。

矽谷的高科技公司之所以喜歡出這一類面試題，是因為它們想測試應聘者在沒有任何線索的情況下，是否能找到解決問題的思路和辦法。

在現實環境中，我們遇到的大多數問題都毫無頭緒。上面提到的費米估算法不僅能幫助人們看清真實世界，更體現了一種敢於向未知問題發起進攻的勇氣和思路。

OKR可以啟發你的量化思維

我們還可以借鑑當下非常熱門的管理概念「OKR」來應用量化思維，解決生活中的問題。

OKR是一種量化思維工具。O是英文單字Objectives（目標）的縮寫，KR是Key Results（關鍵成果）的英文縮寫，OKR就是「目標與關鍵成果法」。

一九七九年底，OKR誕生於英特爾公司。當時英特爾的微處理器8086正逐漸被摩托羅拉的新產品68000取代，公司陷入巨大的困境。

由於技術迭代，電子行業的改朝換代本是常事，但英特爾卻在產品沒有創新的基礎上，用一場名為「粉碎行動」的營銷戰役扭轉了局勢。

英特爾之所以可以用一手爛牌打贏強大的對手，是因為它採用了OKR這個秘密武器來指導「粉碎行動」。從此之後，OKR成為英特爾管理的核心工具，並經由Google的傳播被全世界的公司學習。

為什麼說OKR是一種量化思維工具？因為使用這項工具的核心是完成以下兩個動作：

第一，設立正確的目標，也就是確立什麼指標需要量化。

第二，設計關鍵結果，也就是拆分需要做的動作，這個結果必須可以明確量化。

當時的英特爾CEO葛洛夫解釋了OKR為什麼會達到這樣的效果——最終結果是顯而易見的，根本不需要爭論，是或否，就是這麼簡單。使用OKR，就相當於把模糊的管理問題變成了電腦語言的0或者1。

我們從葛洛夫的理解中可以驗證：OKR就是確立目標，明確你要量化的指標是什麼，並把整個執行過程也量化。這樣的話，最後的考核也是可量化、清晰可見的。這就是量化思維的一種體現。

我們在工作和生活中，其實都可以運用OKR這套方法和理念。比如，健身、學習等，都能夠設立明確的OKR。核心就是要回答以下幾個問題：你的目標是什麼？實現這個目標最核心的衡量指標是什麼？你應該用哪些可量化、可檢驗的動作完成它？

讓你「心中有數」的量化思維，並不是要你做複雜、精準的計算，而是用量化方式，一點點增加現實世界的分辨率，逼近你的答案。OKR就是一個簡便、能夠借鑑的量化思維工具。

小知識，大重點 ←

1

萬物皆數，可以從兩個角度來理解：一是「萬物皆數字」，二是「萬物源自比特」。

2

前者是說畢達哥拉斯的「萬物皆數」，他認為數學可以解釋世界上的一切事物，他對數字癡迷到幾近崇拜；同時，他認為一切真理都可以用比例、平方及直角三角形進行反映和證實，譬如主張平方數「100」意味「公正」。迷信之餘，他也開啟了古希臘在數學、邏輯、哲學上的科學探索。

3

後者是物理學家約翰·惠勒所說的「萬物源自比特」：人的生命乃至意識，是寫在DNA上的信息，而信息的基本單位就是比特（bit）。

4

量化思維是科學思維的基礎。中國古代為什麼沒有嚴格意義上的科學？以天文為例，北宋人沈括建設了一個巨大的觀測台，測量行星長達五年，採集了大量的數據，然而他並沒有用這些數據計算數學規律和行星的軌跡，而只是用其解釋星相，幫皇帝占卜。儘管西漢時已有《周髀算經》和《九章算術》，南朝祖沖之對圓周率的估算領先世界一千多年，但是僅限於實用性的計算，而忽視公理化建設和理論推導。

5

數據已經成為當下和未來的石油。看一下全球前十大上市公司，大多是基於「數字」的公司。ABC=人工智慧（Artificial Intelligence）+大數據（Big Data）+雲計算（Cloud Computing），是當前最受關注的技術。

6

再說商業。什麼叫商業模式？就是能算得了別人算不過來的帳。商業的本質就是算帳，那些算不了帳的生意早晚會垮掉，例如，共享單車。你算得了別人算不了，這就是你的核心優勢。隨便找一家厲害的公司，都可以用這個理論來分析。企業的定價權，也是算帳的一部分。

7

中國市場的巨大機會來自彎道超車式的數字化變革。我們並沒有經歷一個像樣的軟體時代，過去這些年，經濟發展的速度很快，但發展模式也很粗放。而當下的ABC浪潮，其實順便把「軟體時代缺的課」和「缺乏數字化思維」全給補上了，所以收益也是加倍的。

8

工業時代，人類實現了機械的自動化；信息時代，人類實現了信息處理的自動化；而AI，則可能實現大腦和決策的自動化。

從畢達哥拉斯到人工智慧，統治這個世界的底層力量是數字。

9

我努力將對於一個人來說至關重要的算法梳理了一遍，這其中沒什麼複雜的計算。想想看，從學校畢業之後，你用過幾次超過小學水準的數學計算？

10

最重要的是計算思維和科學思維。

我們應該遵循萊布尼茲的教導，遇到問題別當「抬槓」，也別空對空互相吐槽浪費時間，而應該說：「來，讓我們算一下。」

第四關・僥倖
在隨機性面前處變不驚

人們對隨機性的研究，最早來自賭場。

儘管賭場對賭徒而言，是負期望值的，但它為心急的人提供了一種看似公平的、即開即食的「隨機性快餐」。然而，在大數定律的控制下，賭徒的錢包毫無隨機性可言。

有些事情，對你而言是隨機的，對莊家而言是精確控制的。這個世界有真正的隨機性嗎？上帝到底有沒有在擲骰子？

無論如何，隨機性確保這個世界不被鎖死，人人皆可有夢想，某些先天優勢會被抹平，事事似乎皆可重新開始。

無人能躲開隨機性

人們在很多時候抱有一種僥倖心理——將實現財富自由寄託在買彩券上，把提升考試成績寄託在考前猜題。結果肯定不盡如人意。在充滿隨機性的世界，面對各式各樣的不確定因素，除了心存僥倖，還有什麼更好的應對方法嗎？

為了更充分地理解隨機性，我想先問你一個大開腦洞的問題。假如有一天，你來到深圳的海邊，把一杯水倒進大海裡，過了五年，你在美國舊金山的海邊用杯子舀起一杯海水，請問：五年前你倒入深圳的那杯水，有多少會出現於眼下你在舊金山的這個水杯裡呢？答案是一千個水分子。

你可能會質疑，怎麼可能？深圳和舊金山之間的距離超過一萬公里，中間隔著汪洋大海。再說了，這麼多年風吹浪湧、下雨、蒸發，那杯水早就不知道到哪裡去了，怎麼可能重新被舀到呢？而且竟然有一千個水分子那麼多。

事實上，一杯水雖然很少，但裡面的水分子可不少，算起來大約有一後面加二十五個零那麼多。

根據概率的計算，歷經五年大自然的「攪拌」，五年前你倒入深圳的那杯水中，會有一千個水分子進入你在舊金山的杯子裡。

計算方法是：

X/（10000000000000000000000000）＝一杯水/地球上的水

是不是覺得很奇妙？到底是什麼在發揮魔力，產生了如此戲劇化的效果？答案是隨機性。對於隨機性，我們又愛又恨。年輕的時候，我們沉迷於隨機性，嚮往不期而遇的愛情。甚至在看到《冰與火之歌：權力遊戲》的出乎意料的劇情時，我們也會覺得又驚又喜。可歲數越大，我們越害怕現實生活中的隨機性：談妥的事突然落空，好好的投資踩了地雷，親近的人得了重病……這些不由得讓人感慨命運無常。

我很喜歡一位法國劇作家的一句話：「人們總是在逃避命運的途中，與自己的命運不期而遇。」只要我們來到世界上，就無法躲開隨機性。很多事情的結果的確是由運氣，而不是你的實力和努力決定的。隨機性像無形的手，支配著世界。

歷代的思考者都試圖在自己的研究領域探索這個人生難題。從牛頓「決定論」時代人類的無知，到混沌理論，到量子力學的不確定性，再到數字和金融時代的變幻莫測……沒有人能為這個問題劃上句號。隨機性是我們理解世界的重要底層邏輯，我們能做的就是擁抱它，接受它，學會與它共舞。

理解日常生活中的隨機性

我想跟你分享兩則關於概率的冷知識。

第一，一個人在去買彩券的路上因車禍身亡的可能性，是彩券中獎可能性的兩倍。

第二，一個人每週坐一次飛機，要連續坐五萬年，才會遭遇一次飛機失事的慘劇。

這裡的概率，說的其實也是隨機性的問題。在日常生活中，我們總在跟它打交道。比如，我們常常會問：「為什麼有些人的運氣特別好？」

幾年前，加拿大彩券管理部門打算把一些獎金返還給購買彩券的人民。它買了五百輛小汽車做為獎品，用電腦程式從兩百四十萬人中隨機抽取五百人，一人贈送一輛汽車。結果出來後，竟然有一個人中了兩輛汽車！

電腦在隨機抽取時，應該沒有設置不能抽到相同的號碼——兩百四十萬個號碼裡隨機抽取五百個，誰想到會有重複呢？但你要是懂一些有關隨機性的知識，就會發現這還真不算什麼意外。從兩百四十萬人中隨機抽取五百人，這五百人中有一個人拿到兩個大獎的概率大約是5％，雖然不算太高，但出現了也並不奇怪。

生活中會有很多巧合，有的人沒有意識到是隨機性在發揮作用，就喜歡讓人算命，比如算八字看姻緣。有的人甚至認為完全搭不上邊的兩件事之間也有必然性，比如參加重要的比賽要穿紅內褲等。這些看起來都是些無傷大雅的小事。事實上，因為缺乏對隨機性的理解而產生的誤會，在全社會是普遍存在的，甚至還因此產生過一些世界性的謠傳。

我們從小就知道百慕達三角洲的傳說。據說在這片海域多次發生失蹤、海難之類的事件。無數途經百慕達三角洲的貨輪、軍艦、潛艇、飛機等，都離奇地消失了，彷彿從人間蒸發了。

事實上，百慕達三角洲海域的面積只有約一百萬平方公里。雖說這片海域的確發生過不少災難，但按照事故的比例計算，百慕達連世界最危險海域的前十名都排不上。

為什麼百慕達這麼有名？原來，有一位作家在其作品中虛構了百慕達附近的飛機失蹤事件，之後以訛傳訛，這個故事便流傳開來。事實上，這根本沒有數據支持。

藉由上述兩個極端事例，我想告訴你，在隨機性面前，在那些突如其來的好運與煞有其事的謠傳面前，通常你有兩條路可以選擇：一是向不確定性屈服，相信神明，從神秘主義中尋求慰藉；二是擁抱不確定性，學會理解隨機性，發現不確定性背後的秘密，並且利用隨機性做出更理性、更智慧的選擇，增大人生「中獎」的概率。

有一家公司選擇了第二條路，解密百慕達傳說，賺了不少錢。英國的一家保險公司透過數據分析，認定百慕達海域的事故率根本沒有那麼高，故不再向「穿越該海域的客戶」收取更高的保險費，也因此贏得了更多的客戶。

在隨機性面前，假如你能夠透過數據和知識，比別人看得更深，你就能夠繞開各種不確定因素，獲取收益。

如何利用隨機性？

人們最早探尋、利用隨機性的秘密，是從賭場開始的。的確，賭場是一個天然的「隨機性實驗室」。諷刺的是，賭客們玩的是隨機遊戲，而賭場玩的是大數定律。賭客從偶然性中尋求刺激和幻想，賭場從概率優勢的必然性中賺到大錢。這就好像賭客們在貢獻數據，而賭場在運用算法。

是不是賭客就沒機會了呢？歷史上就有一個聰明人向隨機性發起了挑戰。一八七三年，這個聰明人盯上了蒙地卡羅大賭場的輪盤。他叫約瑟夫．賈格爾，是一家棉花工廠的工程師。在那個年代，賈格爾的身分就相當於今天的資深程式設計師。

輪盤這種遊戲有三十八個數字，從完全理想的角度看，每個數字出現的概率是1／38。賈格爾想：「機器怎麼可能做到完美對稱呢？任何缺陷都可以改變獲獎號碼的隨機性，導致轉盤停止的位置偏向某些數字，這些數字可能會更頻繁地出現。我就能藉此賺錢。」

賈格爾雇用了六個助手，每個助手把守一個輪盤機器，記下中獎數字，並交由賈格爾分析數字的規律。六天後，五個輪盤機器的數據沒有被發現有意義的偏離，但第六個輪盤機器上，有九個數字出現的概率遠遠高於其他數字。

第七天，賈格爾走入賭場，在第六個輪盤上大量投注那九個高頻率出現的數字，賺取了三十二．五萬美元。這在當時可是一個大數字，超過現在的五百萬美元。

我們來回顧一下賈格爾掌握隨機性，戰勝賭場的秘密：第一，他發現了賭場的隨機性漏洞，建立了自己的概率優勢策略；第二，這個策略必須是可以重複的；第三，他反過來利用大數定律，並重複使用這個策略。

故事還沒結束。賈格爾做的最重要的一件事是在拿到錢之後，立即收手，購買了房產。也就是說，賈格爾沒有繼續用那些靠隨機性賺來的錢參與賭博，而是用不動產鞏固財富。如此看來，他真的是一個運用隨機性的高手。

對隨機性的另一類應用，被稱為帕斯卡賭注。這是一類什麼樣的隨機事件呢？你押錯的可能性非常大，押錯的成本小到可以忽略不計，但是萬一押對了，獎勵卻非常高。在這種情況下，小試牛刀仍然是明智的。比如，你看上了一位高不可攀的女生，不妨大膽表白，就算被拒絕了，也沒什麼大不了的。

橋水基金的創始人瑞．達利歐年輕的時候就做過類似的嘗試。他看到一棟自己非常喜歡的房子，但當時他根本沒錢購買，屋主也沒掛牌出售。其他人看看也就算了，但他還是打電話試了一下，結果屋主不僅願意賣，還借給他一筆錢。

遇到這類問題，只要利用隨機性，你就主動為自己創造了中大獎的機會。生活中的很多巧合和不可思議的事，其實都可以用隨機性來解釋。對於隨機性，你需要做到以下三件事。

第一，理解隨機性，擁抱生活中的不確定，在意外面前處變不驚。

第二，對於可計算的隨機性事件，你可能從隨機性中套利。

第三，對於帕斯卡賭注之類的事，你不妨大膽嘗試一下。

《黑天鵝效應》的作者納西姆．塔雷伯寫道：「不管我們的選擇有多麼複雜，我們多麼擅長支配運氣，隨機性總是最後的裁判，我們僅剩的只有尊嚴。」

我想，塔雷伯說的尊嚴就是處變不驚，不要尋求迷信、巧合，而要勇敢直接面對，嘗試計算，擁抱不確定。

小知識，大重點 ←

1

達文西說過一句很詭異的俏皮話：「無生命的骨頭的迅速運動掌握著使它運動的人的命運——擲骰子。」

這句話的信息量極大，也驗證了這位天才的智商。他精闢地點出了隨機性對人的命運的無情掌控。

人們害怕隨機性，但又追求隨機性。例如，愛情的小驚喜、挑戰的大刺激等等。

2

二〇一九年六月，韓國圍棋高手崔哲瀚宣布進軍德州撲克界。為什麼？圍棋的隨機性太弱了，只有極少數人能夠攀登巔峰，而這個遊戲又只獎勵冠軍。有些棋手一輩子就是差那麼一點點，就什麼也不是。

但是德州撲克呢？幾乎每年都有新的冠軍產生。

所以我們要感謝隨機性。世事難料令人苦惱，但也因此給更多的人希望。

3

一個被扔起來的骰子，能夠被計算嗎？

根據牛頓力學，只要一個運動的物體有精確的初始數值，一切都可以計算，這就是決定論。儘管時髦的概念經常會來踩一下決定論（還有還原論、因果論等），但我還是贊成先有牛頓，後有愛因斯坦。這年頭有太多騙子一上來就用量子糊弄人。

4

假如「拉普拉斯惡魔」真的存在，即宇宙中的萬物都是可以計算的，那麼這帶給人類的最大苦惱是，我們循環逆推下去，會發現因為人也是由物質構成的，所以假如有一個無所不能的神，像觀察骰子般觀察一個人，只要數據足夠充分，那麼一個人的命運完全可以被計算出來。如此一來，人的自由意志還有容身之地嗎？

5

隨機性到底由什麼產生？

第一種隨機是「無知的隨機」，這種隨機性只是因為我們掌握的信息不夠多，比如拋硬幣，看似隨機，但理論上我們可以製造一台精確的拋硬幣機控制硬幣的翻轉。早年香港電影裡的《賭神》，經常有類似的絕技（當然是假的）。

第二種隨機是「蝴蝶效應」，就像我們上面說的扔骰子，其實很難測量，因為初始值的一點點振動，就會帶來難以計算的變化。所以，我們可以視其為隨機。

第三種隨機是量子力學微觀上的隨機，比如雙縫實驗，電子穿過狹縫後落在螢幕的哪個位置完全無法預測，而落在哪一處的概率卻可以計算得非常精確。

物理學家對這一類隨機性表現出驚人的大膽和樂觀，儘管愛因斯坦一直對量子理論缺乏「因果性」耿耿於懷，科學家也沒有更深一層的機制來解釋，但是管它呢，只要有相對精確的公式可以解釋現象就好了。

第四種隨機是社會和金融領域的巨大不確定性，聰明的傢伙們在布朗運動中找到了和金融領域類似的「沒規律的規律」，利用隨機性瘋狂賺錢。

你不應該為「意外」而感到意外，你應該為所謂「現實」給我們這樣一個「安穩」的幻覺而感到意外。

6

人生充滿了隨機性。想要真正洞察這一點，我們需要了解數學、進化論、哲學、商業、物理等知識。納西姆・塔雷伯在《隨機騙局》一書中說：「你的成功不見得是因為比其他人高明，而很可能是運氣的結果。」

他還說「擁有私人飛機的企業家不如牙醫富有」。總之，假如你不了解隨機性，被命運嘲弄的概率會很大。

7

我們是否會因為隨機性而陷入虛無主義，從此相信人的命運是注定的？

的確，因為隨機性，我們所認識的現實，並不是人或環境的直接反映，而是被不可預見或不斷變化的外部力量隨機化後的模糊影像。

這並非說，能力無關緊要——能力正是增加成功概率的因素之一——但行動與結果之間的聯繫，可能並非如我們樂於相信的那麼直接。

因此，理解過去不容易，預測將來同樣不容易。在這兩種情況下，如果能超越膚淺的解釋去觀察問題，我們將受益匪淺。

8

長期來看，好的決策一定會帶來投資收益。然而在短期內，當好的決策無法帶來投資收益的時候，我們必須忍耐。

橡樹資本管理公司的霍華．馬克斯在《投資最重要的事》一書的中文版序言裡寫道：

接受是我的重要主旨之一：接受週期與變化的必然性，接受事物的隨機性，從而接受未來的不可預知性與不可控性。接受能夠帶來平靜，在其他投資者失去冷靜的時候，這是一筆偉大的財富。

只有這樣，我們才能和命運平起平坐。

9

做為情感動物，人類可以體驗隨機性帶來的情感波動和神秘主義，但是我們必須懂得，不必為隨機性賦予太多黑箱式的解釋。

此外，為了探索未知世界，我們有時寧可有些笨拙的決定論，不懼探索因果，雖然還原主義有時候顯得很蠢，但好過說假話、大話、空話的裝神弄鬼、瞎扯淡。這才是與隨機性共舞的正確姿勢。

第五關・宿命
用概率思維提高你的勝算

概率有很多面孔，例如，頻率、物理設計和可信度。現實世界中的概率應用，也是動態的、多層次的。以投資的概率遊戲為例，索羅斯說：「判斷對錯並不重要，重要的是在正確時獲取了多大利潤，在錯誤時虧損了多少。」現實就是如此，我們以有限的視野，在有限的空間，憑藉有限的信息，用有限的籌碼，不得不做出概率選擇。

我們只有在不確定的張力中，才能存在，就像我們只有在時間的流淌中，才能擁有時間。

如果說僥倖事關那些未必會發生的事，那宿命指的就是那些注定會發生的事，生老病死，莫不如此。面對宿命這道人生難題，該如何應對？我認為，學習概率思維，積極思考，樂觀行動，就是一套應對機制。在某種意義上，我們能夠改變的就是

「宿命的概率」。

什麼是概率思維？

讓我們先來做一道和概率思維有關的選擇題。假設你現在正籌備自己的婚禮，經過精心挑選，現在有兩個場地供你選擇：一是豪華飯店，那裡設施齊全，經驗豐富，場面氣派，就是有點傳統，沒什麼特色；二是公園的湖畔，那裡專門舉辦西式的戶外婚禮，百花爭豔，綠草如茵，波光粼粼，還有無人機在上空拍攝，現場特別動人。

這時，你的親友團分成兩派：一派贊成在飯店辦婚禮，既穩妥又大方；另一派贊成在公園辦戶外婚禮，既浪漫又有新意。其實你心裡偏向在戶外辦，因為你身邊從來沒人辦過這麼有創意的婚禮，一想到那個畫面，你就激動不已。但戶外婚禮有一個不確定因素，即那天要是下雨，婚禮就泡湯了。這個問題讓你左右為難，你該如何選擇呢？這時，你需要運用概率思維分析利弊。

先分別給兩個婚禮場地打分數：給飯店打八十分，給湖畔打一百分。之後，我們來評估下雨的概率。根據經驗，這個季節下雨的概率大約是25%。飯店不會受影響，下不下雨期望值都是八十分；戶外婚禮遇到下雨，那就要打零分了。

接下來，我們採用簡單的函數計算。75%的可能性不下雨，對應的期望值是100×75%＝75。25%的可能性會下雨，對應的期望值是0×25%＝0。兩者加起來，戶外婚禮在可能下雨的情況下的得分是七十五分。

儘管戶外婚禮非常有吸引力，但是根據計算，飯店婚禮的期望值高於戶外婚禮的期望值，所以，你還是應該選擇在飯店舉辦婚禮。

（請忽略這個案例中，結婚是一個低頻率或者單次事件的漏洞。）

這就是概率思維。

概率思維其實很簡單

你可能會說：「這也太簡單了，連小學一年級的孩子都會算。」誠然，概率就是這麼神奇的東西，巴菲特賺錢的公式也是簡單的概率計算公式。他說：「用虧損的概率乘以可能虧損的金額，再用盈利的概率乘以可能盈利的金額，最後用盈利的結果減去虧損的結果。這就是我們一直試圖做的方法。這種算法並不完美，但事情就這麼簡單。」沒錯，華爾街的聰明人每天算的就是這個。會不會用概率思維，實際上就是高手的思維方式和普通人的思維方式的區別。

概率思維裡很重要的一點，就是量化不確定因素。有人可能會問：「那些概率數字也是估算出來的，為什麼可以提高確定性呢？」這一點我們在量化思維裡也講過，使用概率也是同樣的情況，它並不要求完全消除不確定性，正如美國漫畫家詹姆斯·瑟伯所說：「也許一丁點的概率就能比得上一大堆。」能用上概率思維，你就更能看清現實。在日常生活中，我們既不需要精準的數字，也不需要懂得很複雜的概率計算公式，只要掌握概率思維就夠用了。

概率思維解釋起來並不難，但真正要將其想明白也不容易。我見過不少很聰明的朋友怎麼也想不明白概率思維。他們會覺得，一件事如果發生在他們身上，那就是100%。如果沒發生，那就是零。弄一個百分之幾十的概率出來，沒有任何意義。

事實上，我們採用概率思維的目的，就是要量化100%和零之間那些不確定的命題。我舉一個很簡單的例子：有兩個罐子，都裝有一定數量的紅球和黑球。假如摸到紅球，你可以中十萬元大獎。你看，按照那些認為概率沒用的朋友的觀點，結果要嘛是摸到紅球，要嘛是摸到黑球，所以選哪個罐子差別都不大。

但是，現在我們拆開罐子來看一看，A罐裝了一個紅球，九個黑球；B罐裝了五個紅球，五個黑球。我想所有人都會選擇B罐，因為在A罐摸到紅球的概率是10%，在B罐摸到紅球的概率是50%。

這道題很簡單，但我想藉此說明，概率思維是用來衡量機會的。學會了概率思維，就能提升把握機會的準確性。研究者也已證明，以概率計算為基礎的分析框架遠遠勝過人的直覺，甚至專家在他的專業領域的直覺也比不上一個簡單的概率計算。比如，史丹佛大學的一位教授設計出一個評測紅酒品質的公式。這個公式的參數包括葡萄生長期的平均溫度、冬季的降雨量等。最後公式算出來的結果，比那些紅酒專家的預測都更準。

如果你掌握了概率思維，就能提升自己應對不確定性問題的判斷力，調整自己的認知系統，形成強大的人生算法。

Google創始人用概率思維對抗疾病

讓我們來看一個用概率改變命運的精采故事。二〇〇六年，Google創始人謝爾蓋·布林測出自己有LRRK2基因突變，這意味著他罹患帕金森氏症的可能性高達50%。面對這個壞消息，布林的做法簡直可以列入概率思維教材的經典案例：

第一，對外公開此事。

第二，捐助超過五千萬美元用於針對帕金森氏症的研究專案計畫。

第三，利用大數據探尋預防和治療這一疾病的信息和方法。

第四，有研究證明提高心率能降低罹患此病的風險，所以他參加了跳水運動，因為跳水短暫而激烈，可以馬上提高心率。

第五，有研究證明，喝咖啡和綠茶能降低罹患此病的概率，於是他開始堅持喝。

布林是這樣算帳的：飲食和運動使患病概率降低一半，這樣就從50％降到25％；推動神經科學發展，可以把風險再降低一半，這樣就只有13％左右了；針對帕金森氏症的研究增多，進而把風險降至10％以下。

布林這麼既花錢又費力折騰，能確保自己徹底不罹患帕金森氏症嗎？會不會他什麼措施都不用採取，其實也不會患病？誠然，用概率思維並不能完全防止布林患病，但他可以把這件事從大概率事件變為小概率事件，把可能性盡可能降到最低。

不管結果如何，布林的思考和行動，都體現出了在我們當今這個不確定的世界裡，一個高手應該具備的概率思維。運用概率思維，在不確定因素面前積極思考、樂觀行動，這不就是我們常常希望的，把命運掌握在自己的手上嗎？更確切地說，我們能改變的，只有命運的概率。

你要勇於改變自己的人生概率

對於我們每個人來說，該怎麼把概率思維應用到自己的人生中呢？除了用概率來理解具體事件之外，其實還有人生概率這個問題。我們的思考模式和行為方式，其實就是我們的人生概率。打個比方，把自己想像成一粒骰子，扔出數字「1」就中獎了。根據概率，中獎概率是1／6。拚命扔骰子有用嗎？天天琢磨扔骰子的手勢有用嗎？沒用，因為六面骰子的先天結構和隨機的遊戲規則已經決定了你的中獎概率。

在這種情況下，若要改變中獎概率，你只能改變自身的「結構」。假如你變成了一粒金字塔形狀的骰子，只有四個面，所以你扔出數字「1」的中獎概率，就提高到了1／4。你如果把自己變成硬幣，其中一面是數字「1」，那麼你中獎的概率就變成了1／2。

關於改變自己的人生概率，我想和你分享一個特別觸動我的傳奇故事。這是關於高爾夫球球員老虎伍茲改變自己揮桿姿勢的故事。

一個頂尖球員，早就形成了自己的揮桿姿勢，有些人一輩子都不會變。但是伍茲不這麼想，在他贏得多次大滿貫冠軍之後，仍然主動改變揮桿姿勢。做出這個選擇可謂相當艱難，為什麼？因為球員在這個過程中，必須冒著成績下滑的風險，和原來的舊習慣抗衡。在人們質疑他的改變時，他說自己是「先退後進，然後大步前進」。

這就是改變自身概率的精采案例。假如你永遠按照以前的姿勢揮桿，就像持續扔一個結構沒有變化的骰子，很難有大的突破。而老虎伍茲在已經非常成功的基礎上，依然勇於改變自身概率，調整揮桿姿勢，從底層重新構建自己的打擊優勢。就像我們剛才說的，他從系統層面上把自己變成了一粒中獎概率更高的骰子。

這種改變往往是痛苦的，但更是脫胎換骨的。正因為伍茲有這般勇氣，他在經歷了多次手術，遭遇一系列人生低谷後，還能在四十三歲時奇蹟般地獲得美國大師賽冠軍，這被稱為「歷史上最偉大的回歸」。

英國經濟學者沃爾特．白哲特說：「生活是概率的大學校。在這個學校裡，我們每個人不應該甘心當一個被扔來扔去的骰子，而是要努力探尋人生的概率。哪怕現實世界充滿了迷霧，我們沒有足夠的數據和能力來明確執行，我們也要學會用概率思維勇敢地往前探索。」

當我們運用概率思維，評估關鍵變數，量化生活的不確定性，形成自己的人生算法時，就有可能一步步逼近這個世界的真相。

小知識，大重點 ←

1

據推測，翻車魚從一枚受精卵發育成成魚的概率只有百萬分之一。那該怎麼辦呢？秘密武器是「用數量來實現概率的遍歷性」。一條中等體型的翻車魚，一次能產下三億個卵，是脊椎動物中產卵數量最多的。這種長相奇怪的魚，用這種方式頑強地繁衍了下來。從生命到宇宙萬物，假如真有造物主，他主宰的工具就是概率。

2

概率，在我看來是對一個人最有價值的數學知識，然而我們並沒有認真學過這門課程。為什麼呢？第一，懂概率計算，未必具有概率思維；第二，理解概率思維，又未必能夠採取概率行動。人們不願意計算，尤其不願意計算概率。更多時候，人們喜歡採用啟發式思考，用深藏在記憶中的、被我們編織起來的故事取代更精確的概率判斷。

3

在現實中，絕大多數人，要嘛黑白分明、非此即彼，要嘛就是陰陽混沌、瞎扯淡，現實是有灰度的，概率就是用來精確描述和運用這種灰度的。蔡崇信說過：「任何機會，基本上當有30%的把握的時候去做，才能大贏，因為概率太小很可能虧本；有50%的把握的時候，即便贏了，基本上也是小贏；有80%的把握的時候，基本上就是紅海了；如果等到100%有把握了……世界上可能根本沒有這種生意。」

即使極度厭惡不確定性的巴菲特，其價值投資也會出錯，只是長期而言賺錢的概率更高。認識了概率，在行動上就不會過度追求完美。我們往往需要在信息不完整的前提下做決策。

4

投資和人生，都是對不確定性的處理。我們要為犯錯做好準備，也要適當冒險，這是一種或然性思維。人們總是容易高估自己與眾不同，也會經常幻想「這次真的不一樣」。然而很多事情真的很難擺脫概率。例如，你要出版一本書，先別想自己能不能做成這件事，以及計畫多長時間做完，先去問一下做出版的朋友，這件事以前的成功率是多少（康納曼講過類似的故事）。

5

這個世界從物質的角度看，也受概率支配。量子世界的本質是概率性的。牛頓力學的嚴格因果關係在量子世界並不存在。費曼說，這雖然有點讓人沮喪，但物理學並沒有因此垮台。

6

概率從何而來？想要回答這個問題，我們要追溯至數學、物理和哲學。這三者，探索的都是世界的本源問題。很遺憾，我們的教育沒有通識這一塊。所以，想要真正理解概率，對於成年人而言極其艱難。

7

我們需要按照概率行事。要想改變世界，首先要改變自身的概率結構。人生的絕大多數時候，量變不會產生質變，你會被大數定律牢牢地鎖死在概率劣勢（或優勢）中。就像愛因斯坦對「愚蠢」的定義：重複做一件傻事，卻指望得到不同的結果。行事方式（你的概率結構），比聰明與否和經驗更重要。

段永平在談及「怎麼保證選對人」這個問題時說：「沒有絕對的辦法來保證，但如果選人時先看合適性（價值觀匹配）會比只看合格性（做事情的能力）要好得多，選中合適的人的概率也要大得多。」

看，概率無處不在。

8

荷蘭哲學家巴魯赫·史賓諾沙說：「幸福並不是美德帶來的報酬，而是美德本身。」我們遵循概率，未必一定會有好的結果。因為命運會用惡作劇捉弄概率，但這並不影響我們由此獲得的從容和幸福。

此外，為了讓自己不被偶然戲弄，我們要努力從賭徒模式升級為賭場模式，讓大數定律為自己服務。

9

諾貝爾獎得主默里·蓋爾曼說：「宇宙的歷史並不只是由基本定律決定的，它取決於基本定律和除此之外的一長串巧合或者說概率。基本理論並不包含那些概率，它們是額外的東西，因此它並不是萬物理論。實際上，宇宙中圍繞我們的大量信息來自這些巧合，而不只是基本定律。現在人們常說，透過檢驗由低能量到高能量再到更高能量，或者說由小尺度到更小尺度再到更小尺度的現象，來逐步向基本定律靠近就像剝洋蔥。我們這麼不斷繼續下去，建更高能的加速器來找尋基本粒子，這樣就能夠逐步深入粒子的結構；沿著這條路，我們就可以逐漸接近基本定律。」

10

人生贏家都是概率贏家。他們要嘛是走了超級狗屎運，要嘛是洞悉了巧合背後的基本定律。大部分人屈服於命運，少部分人與命運抗爭（做為他們命運的一部分），極少數人試圖發現命運的把戲。總之，概率思維，已經成為人們在當今社會上行走必備的基本能力。

第六關・追悔
回到過去能改變命運嗎？

傳奇的大獎章基金創始人詹姆斯・西蒙斯在揭示自己創造投資奇蹟的秘密時，也直指統計學。

統計學與概率論聯繫緊密，並常以後者為理論基礎。簡單來講，兩者的不同點在於概率論從總體中推導出樣本的概率，統計學則正好相反——從小的樣本中得出大的總體信息。

人的一生的確是一個人的無數時間碎片和事件碎片的統計學結果。

我們在上一章提到可以用概率改變宿命，這是在積極地面向未來。接下來我們要討論的人生難題是如何面對過去。幾乎所有的人都有後悔的事情，但我們真的應該追悔過去嗎？

我們能改變命運嗎？

任何時候都有人感慨：「現在的日子真難過，以前的機會多好啊。我要是在二十年前做房地產就好了，在十年前做網際網路就好了……」如果現在你有一個機會，可以搭乘時光機回到過去，改變你做過的任意一個決定，你覺得自己的命運會因此而改變嗎？我的回答是：「不會。」具體原因先得放一邊，因為想要深入理解這個問題，我們需要先做一個大腦實驗。

按照統計規律，一個歐洲城市每年大約發生一百起兇殺案。如果我們可以搭乘時光機回到過去，提前找到這一百個嫌犯，把他們關起來，就能把這座城市的兇殺率降到零嗎？

聽上去很美好，但真正的結果或許很難如願。因為就算你提前抓住了這一百個嫌犯，仍然會有其他人犯罪。近代統計學之父凱特勒一語道破了其中的原因。他在一八三六年寫的一封信中提及：

> 是社會製造了罪惡，有罪的人僅僅是執行罪惡的工具。從某種意義上說，絞刑架上的犧牲者是社會的贖罪犧牲品。

這句話聽起來哲學意味很濃，但它指明了一個真相——犯罪是一個社會系統的現象，是一個系統的產物。改變個體的選擇，並不能讓犯罪在社會上消失。這樣的話，對於這座城市的犯罪行為是不是只能放任不管了？我認為還是有辦法的，但你要做的，不是控制一、兩個犯罪者，而是探究問題的本質——為什麼這座城市會發生兇殺案？並據此找到改變「社會系統」的方法。

我們知道，犯罪率和一個地方的民眾的受教育程度、社會經濟發展水準等有關。換句話說，它是由包括教育程度、經濟水準等因素在內的社會系統決定的。改變單一因素並不會對兇殺率的升降產生影響。結合上述數據，可以看到這座歐洲城市每年發生兇殺案的數量都落在一百起左右。年與年之間的數據，並沒有因為消滅了更多的文盲，抑或提升了當年的經濟發展水準而出現較大的差異。

不僅僅是犯罪率數據，其他數據也呈現出這種規律。二〇一七年，美國因車禍死亡的人數是三七一三三。二〇一六年，這個數字是三七四六一。兩者如此接近，就好像死神也有年度KPI（關鍵績效指標）一樣。事實上，一片森林出現火災的次數、一個國家新生嬰兒的數量、一個地區晴朗的天數等，這些重複發生的事件，它們出現的次數都會在一個穩定的區間內波動。改變任何單一選擇，例如，事先抓住罪犯，及時撲滅森林大火，都難以影響最終的結果，因為冥冥中有大數定律在決定一切。

大數定律描述了隨機事件多次重複發生，它的結果所呈現的長期穩定性。比如，發生車禍是一起隨機事件，但一個城市每年的車禍數量就表現出相對穩定的結果。大數定律的重要性在於，它讓我們意識到當一些隨機事件重複發生的時候，從整體來看，它還是會呈現長期的穩定性，也就是偶然之中包含必然。

大數定律是怎麼起作用的？

我們可以透過拋硬幣這個經典實驗來看看大數定律是怎麼起作用的。試問，當一枚硬幣連續出現二十次正面後，在沒有作弊的情況下，下一次出現反面的概率會不會變大？很多老賭徒會認為，連續出現了這麼多次正面，總該來一次反面了，所以選擇押反面，這是典型的「賭徒謬誤」。新賭徒會迷信「熱手效應」，認為自己押正面的手氣很旺，所以選擇押正面。

事實上，硬幣並沒有記憶。下一次出現正面或者反面的概率仍然各是50％，之前的結果跟下一個結果沒有任何關係。如果你是扔硬幣的那個人，可能會疑惑，都連續拋出二十個正面了，還能相信出現正面的概率只有50％嗎？之所以會有這樣的疑問，是因為你嘗試的次數還不夠。

一九三九年，南非數學家克里奇冒失地跑到歐洲，結果在丹麥被逮捕，被關進了集中營。百無聊賴的克里奇給自己找到了一個樂子：他把一枚硬幣拋了一萬次，記錄了正面朝上的次數。統計結果如下圖所示。

從這張圖裡，我們可以看到，一開始正面朝上的概率大於50％，意味著很多次都是正面朝上。但隨著投硬幣的次數越來越多，正面朝上的概率明顯趨向50％。

其實，用電腦模擬也會出現同樣的情況：

拋十枚硬幣，正面朝上的比率範圍是30％到90％。

拋一百枚硬幣，比率範圍就縮小了，變為40％到60％。

拋一千枚硬幣，比率範圍就縮小到46.2％到53.7％，越來越接近50％。

看似有一種神秘的力量在讓結果不斷逼近50％。實際上，這股力量就是大數對小數的稀釋作用。

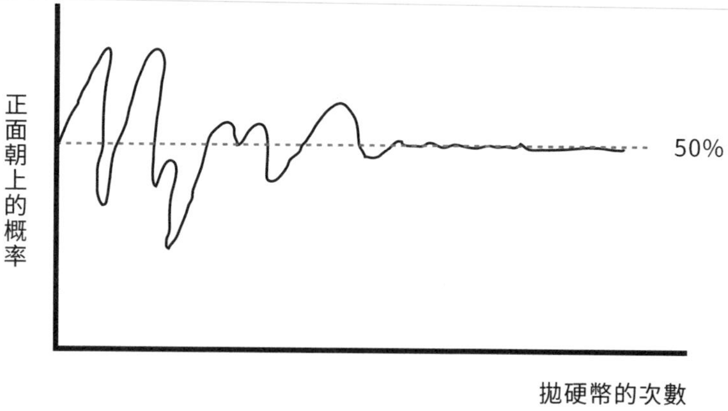

所以，我們在人生中犯一、兩個錯誤的時候，不要糾結，不要總想著修正它，你應該繼續做正確的事。換句話說，就是用更多正確的大數把一、兩個錯誤的小數稀釋掉。

在生活中，我們很難像被關在監獄裡的數學家一樣，透過拋一萬次硬幣來驗證一件事。但當你真正理解了大數定律，當遇到這類問題的時候，就能做出更正確的決策。

現在我們可以回答本章開頭提出的問題了：如果現在你有一個機會，可以搭乘時光機回到過去，改變你做過的任意一個決定，你覺得自己的命運會因此而改變嗎？

我們往往把人生的問題歸結為嫁錯了人、選錯了科系、進錯了公司，但改變這些選擇，能改變你的人生嗎？

「人生的關鍵就那麼幾步，選錯了就選錯了。」真實的情況是，就算你改變了關鍵選擇，你的人生也不會因此得到改變。

先說買股票，就算給你修改關鍵選擇的機會，讓你可以在最低價的時候用全部資金買入茅台的股票，你覺得你會發財嗎？並不會，因為你還是會在下一次危機中借錢投資，賠得傾家蕩產。

再來說買彩券，就算你抄下中獎號碼，回到過去買彩券，你的生活會在獲獎後發生本質上的變化嗎？或者換個問法：那些中大獎的人，後來就會一生幸福嗎？根據統計，美國許多彩券中獎者後來生活得都不怎麼樣，一次意外橫財並不會讓一個人的生活更美好。

理解了大數定律，你就能理解為什麼穿越不能改變命運。那麼，命運由什麼決定？回到拋硬幣的例子，一枚硬幣即使連續二十次出現正面，但是如果連續拋很多次，正面出現的概率還是50％。我們可以這樣理解：硬幣的命運是由它自身的結構決定的。同理，由於一個國家的車禍死亡率是統計學的結果，這也意味著你所看到的這個數字是由車輛、道路、交通規則、駕駛習慣等整個系統決定的。單次交通事故非常偶然，無法預計，但是統計數據卻非常穩定。

正如英國推理小說作家卻斯特頓所言：「宇宙，與其說是由邏輯，不如說是由統計的概率來支配的。當樣本量足夠大的時候，大數定律就開始發揮作用。」

當我們以一生為期限，檢視命運的時候，我們的命運就無法取決於一、兩次選擇，因為它取決於我們自身的系統。這樣看來，「性格決定命運」這句話，應該修正為「性格決定行為方式，行為方式決定命運」。你的行為方式就是那個決定你命運的系統。

如何真正改變自己的命運？

如果你對現在的生活不滿意，是不是就完全無法改變了呢？好消息是，你可以調整自身的行為方式，調整自己的系統來改變生活。更大的好消息是，用不著時光機，你現在就可以做。知小錯就改，比回到過去改某個大錯更有意義。

你還可以向大數定律的最大贏家進一步學習，這位贏家就是賭場。以澳門賭場的美式輪盤為例，賭場的概率優勢只有2.7%，看起來很低，但是憑藉大數定律的魔力，還是能夠形成對賭客的概率壓制。

因此，改變系統並不用你去改變人生中做過的每件事、每個選擇，只需要你把人生系統的指針向正確的方向撥一點。別小看這一點點偏差，因為它會引領我們走向完全不一樣的人生軌道。這就像開放原始碼運動的提倡者埃里克·雷蒙在《教堂與市集》一書中給出的經驗：「如果你有正確的態度，有趣的事情自然會找到你。」堅持做正確的事情，比穿越到十年前，中一個彩券頭獎更能帶給你幸福的一生。

結合大數定律，從短期來看，我們的生命充滿了偶然；從長期來看，它卻會呈現某種必然。最好的人生大獎不是中彩券，而是調整你的人生系統，把小概率的偶然優勢變成大概率出現的結果。

小知識，大重點 ←

1

假如你從數學層面懂得了某個「雞湯理論」，那麼這個「雞湯理論」就不僅僅是「雞湯」了。我會在本章用大數定律解釋為什麼一個人即使可以穿越時空，也不會讓自己過得更加幸福。

2

大數定律說起來似乎很簡單，其實能理解的人並不多。例如，本章特別提及了「稀釋」的概念，相信會揭開很多人心中的某個謎團。當然，思考過這個謎團的人大概也不多。

3

消極的後悔＝習得的無助感。這種後悔，就像賭場故意為賭徒製造的幻覺，看似距離大獎一步之遙，其實差得很遠。後悔會從生理層面破壞一個人的大腦，就像毒癮一樣。

4

嚴謹起見，我們把「積極的後悔」稱為回顧檢討。回顧檢討的關鍵是分清運氣和錯誤。此外，尤其不要犯「小樣本偏差」，即以一、兩次的結果下結論。

5

本章提及的「稀釋」真的非常有用。遇到事情別懊惱，想辦法用「增量」解決舊問題。有很多事，當時覺得太大了，回頭看看，早就不是什麼事了。圍棋裡有一種策略，叫「脫先」，意思是某個局部不好走，先放下，走別處。然而，很多人一輩子都被困在某個局部。

6

既然說不後悔，為什麼貝佐斯要說「最小化後悔」呢？他指的並非讓現在後悔最小化，而是讓將來後悔最小化。人是一種基於想像的動物，為了將來不後悔，現在小小的後悔也好像變成了一種策略，一個自己才知道的秘密。

7

後悔會強調依戀。不管未來是變好還是變壞，是漲還是跌，後悔都會摧毀你。比如你後悔沒買房，一平方公尺兩千元的時候，你沒買；一平方公尺五千元，你更下不了手，結果現在一平方公尺五萬元了；比如你沒賣股票，每股二十元時，你沒賣；跌到每股十元，怎麼賣？結果現在跌到每股五元了。然而，市場價格是沒有記憶的，不會管你的成本。你應該根據當下做決策。愛後悔的人，見人就說「我差點就……」，結果更加強化了自己的成本意識，把自己的坑越挖越深，自己也就無法逃脫了。與這類後悔相關的概念有沉沒成本、刻舟求劍、錨定效應等。

8

後悔很討厭，也很難擺脫。是人都會後悔，這其實也是人類的一種天賦。簡單來說，面對消極的後悔，我們應該怎麼辦？

向前看：把過去當作已知條件。

切割法：與往事乾杯，與過去的自己告別，只對未來的自己負責。

兩個你：你可以和過去的自己喝酒，但只能和未來的自己一起吃早餐。

真檢討：把「要是……就好了」變成「如果……會怎樣」。前者是後悔，後者是反省檢討。

9 人生就像騎自行車，別追求穩定，而要追求平衡。要想平衡，就要向前走。

10 法國思想家蒙田說：「如果容許我再過一次人生，我願意重複我的生活。因為，我從來就不後悔過去，不懼怕將來。而且，你怎麼知道現在不是你已經重新來過的一次人生呢？來都來了，有什麼可後悔的？」

第七關・非理性
如何管住你的「動物精神」？

什麼是理性？我的定義是反條件反射。

一個比較理想的模型是，一個人用自己的理性構建城牆，然後在城牆內有限地做點非理性的事情。反之，在說服他人時，你要學習班傑明・富蘭克林的智慧：「要訴諸利益，而非訴諸理性。」

理性才是聰明人應該掌握的「元概念」。

戰勝非理性是通關挑戰的第七站，也是我們在認知環節勢必遇到的一道難題。

在認識非理性之前，我想先請你做一個實驗。假設你現在要買耳機，有以下兩種型號可以選擇。一號耳機，價格是兩百七十元，在購物網站的十分制評分中，這個耳機的得分是六分。二號耳機，價格是五百四十元，在購物網站上的得分是八分。

你會買哪個？

根據實驗結果，大部分人選擇了一號耳機，因為六分和八分差別不算太大，但兩者的價格差了一倍，人們情願少花一點錢購買一個還過得去的耳機，只有少部分人願意花雙倍的價錢購買一個更好的耳機。

接下來，讓我們稍作改變，再做一個類似的實驗，請你從下面三個耳機裡選一個。一號耳機，價格是兩百七十元，在購物網站上的得分是六分。二號耳機，價格是五百四十元，在購物網站上的得分是八分。三號耳機，價格是八百四十元，在購物網站上的得分是七分。

一號耳機和二號耳機沒有任何變化，只是增加了三號耳機。但是仔細一看，這個三號耳機純屬是來搗亂的，定價八百四十元，比二號耳機高出三百元，得分卻要比二號耳機低一分。誰會選價格貴還不夠好用的東西呢？

奇怪的事發生了，因為多了這個搗亂的三號耳機，儘管極少有人選它，但人們對另外兩個耳機的選擇卻發生了翻天覆地的變化——絕大多數人都傾向於選五百四十元的二號耳機。為什麼一個煙幕彈式的多餘選項會影響我們的最終決定呢？

這個實驗是由以色列學者阿摩司．特沃斯基參與設計的。他和丹尼爾．康納曼合作研究人類的認知偏差和非理性。很可惜，特沃斯基英年早逝，沒能和康納曼一起分享諾貝爾經濟學獎。特沃斯基想透過這個實驗說明一個簡單的道理——我們其實很容易被糊弄。

你肯定看過大學教授被電話詐騙的新聞，也耳聞很多聰明人做出了糊塗的選擇。一個人不管多聰明、讀過多少書、經歷過多少事情，為什麼還是會被輕易地糊弄呢？我就經常有這樣的感受，不管是自己，還是身邊的朋友，之所以會做糊塗事，絕大多數時候不是因為不夠聰明、不夠用功，而是因為不夠理性。

理性與非理性

理性在哲學中指人類能夠運用理智的能力。相對於感性的概念，它通常是說人在審慎思考後，以推理的方式推導出合理的結論。

至於非理性，科學家們在大量研究人類的非理性行為後，總結了它的一些特徵，像是損失厭惡、賭徒謬誤、稟賦效應、歸因謬誤、鴕鳥效應等。你可能會問：「理性人為什麼有這麼多非理性行為，明知有問題為什麼還屢教不改？」

回答有關非理性的問題，就要從大腦的進化史說起。我們的大腦歷經幾十萬年的進化，較早出現的「原始大腦」只能進行簡單的判斷和條件反射，晚近的「理性大腦」卻形成了強大的計算和認知能力。由於理性大腦的「輩分」小，因此，大多數時候還是原始大腦「引導」著我們，做出未經計算與認知的非理性判斷。

心理學家蓋瑞．馬庫斯曾提出兩種思維方式，分別對應人腦進化史中的原始大腦與理性大腦，它們分別是反射思維（reflexive mind）和審慎思維（deliberative mind）。反射思維是快速、自動且基本上無意識的，審慎思維是緩慢、刻意和謹慎的。兩種思維在大腦內起作用的位置也不同：反射思維源於大腦進化較早的部分，包括小腦、基底神經節和杏仁核；審慎思維則在大腦的前額皮層運行。

你可能會問：「既然審慎思維能幫助我們做出理性判斷，為什麼不讓前額葉多做點事呢？這樣人不就可以變得更理性了？」前文提及，因為前額皮層特別薄，它已經超過負荷了。我們每天所做的決策並不全是由前額葉控制的。

除此之外，大腦的進化史更體現了進化論的一個特徵，即「適者生存」，而非「優者生存」。也就是說，一個物種想要存活下來，關鍵是好過競爭者和祖先，有比較優勢就夠了，不用追求最優。大腦也是在修修補補中完成的，並沒有一開始就按照一台完美思考機器的樣式設計。我們必須承認，人類的思維方式先天不足，有局限性，非理性是無法被清除的。

意識到這一點對我們來說很重要。就像你開一輛車，假如你知道這輛車先天有一些缺陷，比如煞車系統不是那麼靈，你就不會一門心思地追求速度和豪華的內裝，因為這些沒有抓住關鍵問題。

四種動物非理性

市面上研究非理性的書五花八門，一時難以理出頭緒。為方便你理解，我製作了一個框架，我認為人類的非理性來自四個「動物屬性」。之所以用「動物屬性」，是因為我想到凱恩斯說過「投資者具有『動物精神』」。在他看來，「動物精神」是一種非理性的心理現象，容易受各種環境因素影響，並且具有不穩定的特徵。我用「動物」形容人的非理性，不過我討論得更加廣義一些。我提出的四個動物屬性，對應著四個關鍵字：

其一，我們是叢林動物，我們「恐懼」。

其二，我們是社會動物，我們「多情」。

其三，我們是科學動物，我們「無知」。

其四，我們是經濟動物，我們「貪婪」。

叢林動物的屬性，就是康納曼在其著作《快思慢想》中提到的無意識的「系統一」。它依賴情感、記憶和經驗，並據此迅速做出判斷。在叢林時代，這個系統幫助我們的祖先在猛獸面前逃生。但「系統一」很容易上當，在複雜的現代社會，我們因為這套系統做出了不少錯誤選擇。

社會動物的屬性，是指我們身處群體之中。我們為了融入群體，容易多情。

科學動物的屬性指人是有好奇心的動物，是不斷求知的動物。人類在不同時期有不同的認識世界的體系。這個體系總是在被推翻、被質疑，在喧譁中形成新的體系，不斷發展。在任何一個階段，我們都是相對無知的。

最後一個是經濟動物的屬性。諾貝爾經濟學獎獲獎者理查．塞勒經過研究發現，人類的理性是有限的，人們在追求經濟效應的時候總是貪婪的。正是因為貪婪，人類才能進步，但也因為貪婪，人類時常會陷入非理性的境地。

事實上，塞勒本人就曾利用股票市場的非理性賺錢。他發現了「輸者贏者效應」，即投資者對過去輸者組合（也就是下跌股票）過分悲觀，而對過去的贏者組合（也就是上漲股票）過分樂觀。人們總是願意相信過去成績很好的投資者，沒那麼相信成績較差的投資者，這就會導致股價偏離基本價值。一段時間過後，市場自動修正，泡沫會破滅，低估的輸者組合也會重新被正視。這個修正的過程就有套利的空間，只要你能發現它。於是塞勒找人一起成立了一支基金，採用反轉策略，買進過去三到五年內的輸者組合，賣出贏者組合，賺了不少錢。用理性的思考，把握非理性，就能找到獲利的空間。

應對非理性的七個策略

理解了動物屬性後，一個個對症下藥，就能夠成為一個理性的人嗎？可能還是不行。理性和非理性相互交織，這是由我們大腦的先天結構決定的。用一個不那麼恰當的比喻，非理性就好像一個人的眼睛近視了，只不過是大腦「近視」了而非眼睛。眼睛近視需要戴眼鏡矯正，你不能說：「我知道我的視力不好，所以我每天練習看東西，使勁看、拚命看。」那沒用，你還是應該借助工具。

我給你總結了和非理性戰鬥的七個策略，為大腦「戴上一副近視眼鏡」，以便更充分地應對非理性。

第一，要勇於承認「我不知道」，大腦經常只能處理一小部分信息，別騙自己。

第二，從長期出發，出發點和願景很重要，長線思考，關注長遠目標。

第三，知錯就改，不要追逐損失，不要自圓其說，學會止損，讓過去成為過去。

第四，多學習，知識加實踐，獨立思考，深入觀察事物的本質。

第五，掌握求真、理性的科學精神。

第六，學習多元化的思維模型，實現從多個維度去證偽。

第七，將正確的思維方式內化為一種行為習慣。

小知識，大重點 ←

1

理性本身是一個非常不理性的概念，因為這個概念太複雜、太模糊，而且飄忽不定。例如，我們很難找到理性和非理性之間的邊界，理性和非理性經常混合在一起攜手作戰，人類社會在很大程度上依賴群體的非理性。

2

理性更像一種街頭智慧，所以在十分鐘內講清楚非理性幾乎不可能。滿大街都是這類書，五花八門，很多時候整本書也說不清楚，講不完整。非理性清單大概有一百條，有時人們看這些會看暈。這些概念每條都很精采，都值得被「知識集郵者」收藏，但它們在現實中卻毫無用處。很多讀了不少書，看起來很有智慧，經歷也不少的人，骨子裡其實是非理性的。我總結出四種「動物精神」，不是想簡化非理性，而是想給出一個收納箱。這個收納箱本身很生動有趣。

3

我們呼喚非理性的理性者。我們要對抗的是對人類不利或對自己不利的非理性。即使我們要對抗的非理性，也可能因為主角、動機、情境的不同而有所差異。人類社會的進步取決於非理性的理性者。理性的人讓自己適應世界，而非理性的人執著地試圖讓世界適應自己，所以進步依賴非理性的人。

4

那麼到底什麼是理性呢？記住凱姆庇斯的話：「理性的第一規範是自然法則。」理性和非理性，也可以做為定語或者狀語，和太太辯道理，和父親爭觀點，和蠢人辯真理，都屬於非理性的理性。又例如，一個人故意借酒裝瘋，有可能就是理性的非理性。看起來似乎是非理性的，其實他心中有數。

5

理性是一種科學精神和求真的狀態。蘇格拉底和柏拉圖的基本思想都是從理性引導、有節制的生活出發的。索羅斯說：「理性行為雖然僅僅是理想狀況，意料之外的結果隨時出現，無法有完美的認識，但是追求知識越完美不僅對結果有益，也符合人的求知欲望。」

理性很難定義，所以我們就反過來，研究非理性似乎更可靠，這有點像波普的「證偽」。所以，在很多時候，理性必須靠非理性試錯，才能實現。

6

人類對理性的追求，也充滿了非理性。儘管有越來越多的數學家和物理學家參與經濟學研究，但是經濟學的主流仍然認為代理人能以理性的方式考慮無窮無盡的未來，將所謂的效用函數最佳化，並認為其他人也會這麼做。二〇〇三年，諾貝爾經濟學獎得主羅伯特．盧卡斯宣稱大蕭條的主要問題已經被解決。結果，沒過多久，二〇〇八年便發生經濟危機。時任歐洲中央銀行主席宣布：「我們已有的模型不僅無法預測危機，也無法解釋發生的事情。」

儘管本書叫《人生算法》，但我並非所謂的「理性死硬派」。我知道我們不知道的東西太多了。AI和大數據等技術革命，令人產生了莫名其妙的自我感覺良好。金觀濤說：「這是一種科學烏托邦，反映的是一種『理性的自負』。」二十世紀，社會、人文、社會研究最重要的成就，就是發現「默會知識」和市場的關係。人類可共享的知識都是可以用符號表達的知識，但它不可能包含每個人都具有的「默會知識」。海耶克稱這種對可表達知識的迷信為「理性的自負」。今天，隨著大數據和人工智慧的應用，這種理性的自負再次出現在人工智慧領域。

7

理性就是不要絕對確定。羅素認為，不要絕對確定乃是理性中最為關鍵的一點。亨利．柏格森在一八九七年的《創造進化論》一書中就宣稱，所有最能長存且最富成效的哲學體系都是那些源於直覺的體系。卡爾．波普說：「我的觀點可以這樣表達，每一個科學發現都包含『非理性因素』，或柏格森的『創造性直覺』。」

8

群體中不存在理性的人。心理學家古斯塔夫．勒龐的觀點是：「在群體之中，絕對不存在理性的人。」他認為，群體能夠消滅個人的獨立意識和獨立思考的能力。事實上，早在他們喪失獨立意識之前，他們的思想與感情就已被群體同化。索羅斯的核心思想有兩個命題：一是在參與者有思維能力的前提下，參與者對世界的看法永遠是局部的和扭曲的，這就是「謬誤性」；二是這些扭曲的觀點可以影響參與者所處的環境，因為錯誤的看法會導致錯誤的行為。在經濟學領域，不確定性恰恰是人類事務最關鍵的特性。

9

想發財，最重要的就是理性。我們也許應該給理性加上行業定語，一個理性的醫師可能在投資上是一個非理性者，而一個股票高手也可能是一個迷戀養生神話的人。對於投資的理性，蒙格給了兩個很好的建議：「理性並不是一件你做了就能賺更多錢的事情，它是一個有約束力的原則。理性確實是一個好理念。你必須避免做那些私下裡已成慣例的毫無意義的事情。它需要培育思想體系，以便隨著時間的推移提高你的成功率。增強理性不是一件你可以選擇做或不做的事情，而是你需要盡可能履行的一項道德義務。波克夏－海瑟威公司的表現良好，並不是因為我們從一開始就聰明過人，其實我們很無知。波克夏－海瑟威公司的任何豐功偉績都始於愚蠢和失敗。」

10

所謂終身成長，本質上是理性的成長。總之，理性需要你走上街頭，在「理性搏擊俱樂部」的激烈打鬥中，才能真正一步步實現成長，並且你永遠有被擊倒的一天。

第八關・衝動

像「阿爾法圍棋」一樣，兼顧直覺和理性

佛洛伊德說：「人是一種受本能願望支配的低能弱智的生物。」

完美決策＝直覺＋經驗＋數據。

那些不需要基本功和苦功夫就能讓人修練出驚人直覺的領域，基本上都是玄學。

我們在本章討論的人生難題，是我們每個人都容易犯的毛病——衝動。事實上，人在做很多決定的時候並沒有經過大腦，用的是我們常說的直覺思維。我的問題是，不經過大腦的直覺思維就一定不如精打細算的理性思維嗎？

要得到答案可沒那麼簡單，因為它橫跨了心理學、數學、電腦科學、經濟學和進化生物學等領域，各路專家一直對此爭論不休，其中一位是《紐約客》雜誌撰稿人、「暢銷書之王」麥爾坎．葛拉威爾。他在《決斷2秒間》這本書裡研究了直覺思維的過人之處，並提到了以下這個實驗。

一群做為實驗對象的學生觀看了某位老師的三段教學影片，他們需要根據影片對老師的教學品質做出評分。這些影片被抹掉了聲音，而且每段影片只有短短十秒，學生們只顧得上看老師上課的肢體語言。僅憑這些有限的信息，學生們還是很快給出了評分。實驗者將這些瞬間做出的教學品質評分，與上過這些老師整整一學期課程的學生所做的評分做了比較，發現兩者幾乎一模一樣。實驗者之後又把影片剪到五秒，學生們還是給出了相似的答案。

直覺思維的獨到之處在於，它能使人在匆匆一瞥裡抓取很多信息，而且這是每個人都擁有的能力。它解釋了為什麼我們會對某人一見鍾情，事實上，這一瞬間的感覺可能比你花很長時間做的決策還要準確。

葛拉威爾說：「試想你走在街上，猛然發現一輛卡車正飛速逼近你，你有時間把所有選擇從頭到尾權衡一遍嗎？當然沒有。人類之所以能夠存活至今，就是仰仗這種進化而來的決策工具。」他口中的這個決策工具就是我們的直覺。雖然我們還沒有完全搞清楚直覺是怎麼起作用的，但事實證明它確實很有用，很多時候甚至比理性思考的結果更有價值。

當然，直覺思維也經常有失手的時候。諾貝爾經濟學獎得主丹尼爾·康納曼就提出，人常常被「過度自信、注意力有限、認知偏見」等因素影響，不可避免地會產生判斷錯誤。即便一個行業的多位專家，他們對同一件事的判斷也會有很大差異。

美國賓夕法尼亞大學心理學教授菲利普．泰特洛克花了二十年時間，分析了八萬多份專家預測。分析結果令人十分震驚，這些專家表現得很糟糕。如果他們不是靠研究而是靠擲骰子進行預測，表現可能會更好一些。

鑑於直覺思維有明顯的優勢和劣勢，我們在做決策時並不能完全仰賴直覺思維。正因為如此，我認為我們需要把直覺思維和理性思維結合起來，形成強大的算法。至於具體的結合方法，以下三位高手為我們提供了範例。

康納曼：給直覺裝上圍欄

第一位是上文提到的諾貝爾經濟學獎得主丹尼爾．康納曼，他在年輕的時候曾面臨一項巨大的挑戰。一九五五年，二十一歲的康納曼在以色列國防軍擔任中尉，他被要求給軍隊設計一個新的面試系統。

軍隊以前的面試方式就是軍官和士兵面對面溝通十五分鐘，由軍官判斷這個士兵的特點，然後把他安排到相應的職位上。這種方法非常原始，效果也不太好，大量被錯誤判斷的士兵沒辦法在職位上發揮實際能力。

如果說過去的面試是純粹的直覺判斷，康納曼給出的新方案則透過一種算法，將理性和直覺結合起來。具體而言，康納曼整理了六個維度做為評判標準，包括準時性、社會性和盡責性等。面試官需要圍繞這六個維度，透過交談給每個士兵打分。事後會採用一套固定的計算方法，考慮各個維度的權重，確定最後的分數，再把士兵安排到合適的職位上。其實，確定維度也好，根據權重打分也好，都是為了給面試官的直覺裝上理性的圍欄，讓他們在理性的邊界內發揮直覺，而不是隨意發揮。

軍隊在實施新的面試系統後發現，新方案評估得非常準確，超過以往任何一個單一維度的計算結果。迄今，以色列軍方還在使用這套系統。

在複雜的決策面前，康納曼提供的方法兼顧直覺思維和理性思維，產生了截然不同的效果。這就給了我們一個啟示——與其泛泛地評判一件事，還不如建立幾個關鍵的評判維度，給不同維度賦予權重、計算結果，這樣就能讓混沌不清的問題變得清晰起來。事實上，這套簡單的算法比專家的直覺更可靠。

我們順著這個思路往下走，只要維度不斷精細，我們的決策也會越來越準確。與此同時，我們面對的問題是時間有限，我們能掌握的信息也是有限的。在這樣的情況下，我們應該怎麼做決策呢？

蓋格瑞澤：簡捷啟發式

為了回答這個問題，我要向你介紹第二位解決問題的高手，德國社會心理學家蓋格瑞澤。蓋格瑞澤提出的「簡捷啟發式」，也是一種兼顧了直覺和理性的算法，能幫你依據有限的信息，在短時間內找到解決方案。他曾在書中提過一個發生在加州大學聖地牙哥醫學中心急診室的例子，簡明扼要地說明了解決方案。

過去，當一個心臟病人被送入急診室的時候，醫師們需要透過年齡、血壓等多達十九項指標確定病人的危急程度。這就類似上文康納曼的思路——為接近真相，我們需要給複雜問題建立多項評判標準。但對於急診患者來說，漫長的流程可能是一個災難。特別對於那些情況危急的病人來說，他們可能根本就等不到十九個指標全部檢查完。如此，決策方法就有了貽誤治療的風險，並且大多數後果是不可挽回的。所以，擺在急診科醫師面前的最大的困難是人員有限、時間緊急，怎麼用最快的速度判斷病人的危急程度。

加州大學聖地牙哥醫學中心的布里曼醫師和他的同事解決了這個問題。他們設計了一個簡單的決策模型，只需三步驟就能確認一個心臟病患者是不是高危險病人，大大縮短了決策時間。他們具體是怎麼做的呢？

第一步，如果病人的收縮壓低於91 mmHg（毫米汞柱），就判斷他是高危險病人，趕緊搶救，不再看其他指標。如果收縮壓不低於91 mmHg，就看第二條線索，也就是年齡。如果患者年齡在六十二·五歲以下，一般不會出現太危急的情況。如果病人的年齡超過六十二·五歲，就要充分重視，判斷第三個線索——竇性心律是否過速。如果是，那就將其判定為高危險病人，緊急搶救。

一個被送進急診室的心臟病患者，原先要檢查完十九項指標才能確定他的危急程度，現在只要三條線索就能確定問題，並且只需回答是或否，格外簡單，容易程序化。這個方法大大提升了急診室的運轉效率和搶救病人的成功率。

蓋格瑞澤把這類方法總結為「簡捷啟發式」，就是把複雜的理性推理簡化成便捷可執行的決策模型，或者一種行動原則。

傳統的認知科學和經濟學，致力於研究理性世界，「耀眼的理性之光」讓人們關注邏輯和概率。蓋格瑞澤則認為「有限理性讓我們更聰明」，因為現實世界的理性是殘缺並且雜草叢生的，所以必須在資源有限、時間有限、知識有限、認知有限的情況下，對充滿不確定性的未知世界進行判斷和決策。

本質上看，蓋格瑞澤其實在康納曼的思路上又前進了一步：如果說康納曼是把單一問題多維化，「簡捷啟發式」則是修剪決策樹，找出關鍵問題，利用人的直覺優勢，把複雜的問題簡單化。

阿爾法圍棋：先直覺，再計算

除了上述兩者，「職業棋手」為我們提供了另一種解題思路。

我們常常覺得圍棋高手的計算能力一定非常強，甚至有「高手心算五十手」的傳說。但荷蘭心理學家阿德里安．德赫羅特發現，頂尖棋手的計算能力和相對弱的棋手的計算能力區別並不大。圍棋大師吳清源在被人問道「你會目算多少步」的時候，同樣認為不用看那麼遠，也能下出好棋。

吳清源說他走一步棋，其實就是做兩件事：第一，找到候選的幾手棋；第二，從最有可能性的那一手開始評估，如果不錯就走棋，不行就評估下一個。

簡而言之，圍棋高手的厲害之處在於他們的直覺好，能夠快速抓住重點，找到最有可能性的那幾手棋，然後透過計算選出最優的一手。高手的這種直覺，正是透過大量理性的訓練和實戰獲得的。把這個思路做到極致的，不是哪個人，而是ＡＩ——阿爾法圍棋。要知道，圍棋的變化數量比宇宙中所有的原子加起來還多，它和象棋不一樣。因此，機器無法僅憑強大的計算能力，用窮舉演算法在圍棋賽場打敗人類。

阿爾法圍棋是如何完成這個逆轉的呢？扭轉局勢的秘密在於阿爾法圍棋模仿了人類下圍棋的模式。第一步是根據從人類那裡學來的下棋直覺，選擇五到十個落子點。第二步則是利用強大的計算能力，分別計算這些落子點的最終勝率，並選擇勝率最高的那一手。

也就是說，阿爾法圍棋的決策模式是先用直覺思維選定範圍，再用理性思維逐一分析。它獨特的算法思路把理性思維和直覺思維的效用發揮到了極致。

面對決策這個難題，我們學習了三位高手的解決方案：他們綜合了理性思維和直覺思維，讓兩者形成一套算法，從而大大提升了決策的品質，希望能給你帶來啟發。

小知識，大重點 ←

1

先說兩個核心觀點：刻意訓練直覺是沒有意義的，因為直覺是一種不刻意的結果；創造時靠直覺，決策時靠算法。

本章講的其實是決策。在非常有限的時間內，我分析了直覺、算法、簡捷啟發式、阿爾法圍棋四種決策方法。你在暢銷書裡看到最多的對直覺的鼓吹，我認為對個體而言意義不大。康納曼的算法和蓋格瑞澤的簡捷啟發式，都是基於決策樹的不同風格的應用。阿爾法圍棋法處於跨學科的邊緣，主角是ＡＩ，應用場景也極少，但的確預示著未來。

2

直覺很重要，但直覺其實是一種奢侈品，對於普通人來說尤其如此。科學家和工程師夏農的學生羅伯特·加拉格回憶道：「他（夏農）有一種神奇的洞察力，彷彿能看穿事物本身。他會說『Something like this should be true』，而且往往事後證明他是對的。如果你沒有超凡的直覺，你不可能憑空開闢一片全新的領域。」夏農對此解釋道：「我覺得自己更喜歡具象化而不是符號化。我會試圖先感受問題本身，然後再談方程式。」

難道這不就是直覺嗎？這就好像是先看到答案，再來解釋為什麼它是正確的。夏農除了的確很聰明之外，他的基本功也很扎實，醉心於工作，希望像工程師那樣能夠真正做出東西來，這些才是他的直覺的本質。所以，我們可以將其天才般的直覺理解為直接抓住問題的核心，把細節放在後面考慮。

3

棋風被譽為「宇宙流」的圍棋手武宮正樹下棋時非常天馬行空，但他的基本功非常扎實，否則他的直覺再好也無法成為超一流棋手。沒有人可以繞開基本功，即使在藝術領域，畢卡索在畫別人看不懂的畫之前，其基本功也很厲害。對於那些只可意會不可言傳的東西，我們可以讚美，但不宜崇拜，更不能將其神化。

這就是我提到的第一個觀點——刻意訓練直覺是沒有意義的，因為直覺是一種「不刻意」的結果。

4

再說第二個觀點——創造時靠直覺，決策時靠算法。發明家尼古拉·特斯拉說：「我們小時候做事純粹靠直覺，也就是那種生動而又散漫的想像力之火花。隨著年齡的增長，理性呈現出來，我們做事越來越系統化和工於設計。但那些早期的衝動，雖其效用沒有立竿見影，但卻在我們的人生中占據重要位置，並且可能在很大程度上塑造我們的命運。」

特斯拉說出了發明的秘密：一是直覺和衝動，二是系統化的思考，兩者結合起來，才能將天才的設想變成現實的發明。

在現實世界裡，創造的工作畢竟是少數，更多時候我們面對的是「實現」和「決策」的問題，將不確定性概率化，形成算法。絕大多數時候，專家是靠不住的，直覺是靠不住的，你我都是靠不住的。

正如康納曼發現的，應用數據統計方法得出的結果，經常比專家的預測結果準確得多。

5

蓋格瑞澤的理論整合了決策樹和直覺。的確，在現實中做決策，很難容你列一個決策樹來算概率，人們都傾向於採用個人風格的「簡捷啟發式」決策，例如，賈伯斯什麼都要最好的。我知道有一位媽媽，教出一個考入哈佛的孩子，她的原則就是，無論哪一科目，都找最好的老師教自己的孩子。

基於「常識」的直覺是值得鼓勵的。這類直覺，確切地說，在某種意義上甚至算得上某種「反直覺」。例如，「紅杉資本」創始人唐·瓦倫丁說過，要相信自己的直覺，這能讓你避免陷入傳統思維或試圖取悅他人。

這是直覺，還是常識呢？的確，從常識上來說，你想獲得超越市場的收益，從數學的角度來說，必須有別於那個市場，然而許多人寧願因循規蹈矩而失敗。數學不好的馬雲，很多時候看起來是靠直覺管理公司的。「維珍集團」的理查·布蘭森連毛利與淨利都搞不明白。但恰恰因此，兩人都非常擅長看到更大的遠景，只要雇用其他人來處理需要計算的工作就好了。

模糊的精確好過精確的模糊。這種直覺，本質上是一種大局觀。

6

然而，在現實中，我們更多的是誇大了直覺的力量。媒體稱，美國對沖基金的創始人正相繼隱退。此前，取得優異成績的老牌精英投資者清盤基金的案例越來越多。隨著採用人工智慧技術的基金崛起，他們難以透過依賴「直覺」和「見識」的投資風格持續獲利。美國基金行業正在邁向「老牌精英」缺席的時代。

橋水基金創始人瑞·達利歐強調的原則是，以可信度加權的方式做決定，以系統化的方式來決策。而橋水基金的策略是以算法的形式把決策標準表達出來，把這些算法植入電腦，進而以此提高集體決策的品質。這樣的決策系統（尤其是在實踐可信度加權的情況下）是極其強大的。

7

貝葉斯網路帶來了「直覺革命」。科學家把所有假設與已有知識、觀測數據一起代入貝葉斯公式，就能得到明確的概率值。一個看起來很簡單的公式已成為一個全新的科學高效能的工具。

二十世紀八〇年代，貝葉斯之父朱迪亞．珀爾證明，使用貝葉斯網路應該可以揭示複雜現象背後的原因。

其操作原理是這樣的：「如果我們不清楚一個現象的原因，首先根據我們認為最有可能的原因建立一個模型，然後把每個可能的原因做為網路中的節點連接起來，根據已有的知識、我們的預判或者專家的意見，給每個連接分配一個概率值。接下來，只需要向這個模型代入觀測數據，透過網路節點間的貝葉斯公式重新計算概率值。為每個新數據、每個連接重複這種計算，直到形成一個網路，任意兩個原因之間的連接都得到精確的概率值為止，就大功告成了。即使實驗數據存在空白或者充斥噪音、干擾信息，不懈追尋各種現象發生的原因的貝葉斯網路也能夠構建各種複雜現象的模型。貝葉斯公式的價值在於，當觀測數據不充分時，它可以將專家意見和原始數據進行綜合，以彌補測量中的不足。我們的認知缺陷越大，貝葉斯公式的價值就越大。」

8

算法會給AI帶來直覺嗎？事實上，AI恰恰是靠模仿人類的直覺，在圍棋上打敗了人類。圍棋是完美博弈的巔峰，其難度在於，很多時候要憑直覺。AI下圍棋，對於專家而言，對比已經被攻克的象棋，難題有兩個：搜尋空間龐大，沒有合適的評價函數。阿爾法圍棋的秘密是，用深度神經網路模仿人類的直覺行為。結果是，它不僅徹底戰勝了人類，而且從技術的角度來說，它已經完全有了下圍棋的感覺。更要命的是，人類以前自詡的靈性和感覺，絕大多數被證明是錯誤的。好在，從目前來看，AI模仿人類的其他感覺，目前似乎還很遙遠。可是，誰知道呢？當年絕大多數人也認為AI戰勝世界圍棋冠軍，是一件遙不可及的事情。

9

然而，即使貝葉斯之父朱迪亞．珀爾，現在也覺得，這種機器直覺將阻礙我們走得更遠，他希望機器像人類一樣思考為什麼。為什麼呢？因為深度學習仍然是一個黑盒子，簡單地說「一切都是統計」，並非真正理解了因果關係。

使用人工神經網路透過構建和加強聯繫，深度學習從數學上越來越近似人類神經元和突觸的學習方式。訓練數據（例如，圖像或音頻）被輸入神經網路，神經網路會逐漸調整，直到以正確的方式做出響應為止。只要能夠看到很多訓練圖像並具有足夠的計算能力，就可以訓練深度學習程序，從而準確地識別照片中的對象。

但是深度學習算法並不善於概括，也不善於將它們從一個上下文中學到的東西應用到另一個上下文中。它們能夠捕獲相關的現象，例如，公雞啼叫和太陽升起，但是無法考慮彼此之間的因果關係。

10

我稱直覺為驚險的一躍，但你必須已經（或有能力）登上兩座山頭，才可能在兩座山頭之間飛躍。很多東西似乎靠直覺才能解釋，但是這些直覺就像準備好相關條件之後的驚險一躍。

愛因斯坦愛拉小提琴，費曼喜歡畫畫和打鼓。在某種意義上，文理跨越，似乎更有利於培養直覺。這就是通識教育的意義和價值。我們還應該像柏格森說的那樣：「要像行動者那樣思考，要像思考者那樣行動。」

第九關・猶豫

灰度認知，黑白決策

灰度認知，就是保持開放性，不要先入為主，避開大腦的那些怪癖，還要忍受不確定性，去除意識形態。黑白決策，就是要敢於在迷霧中做決定，按下按鈕，並承擔後果。狄奧多・阿多諾說：「自由不是在黑白之間做出選擇，而是可以放棄這樣被規定好的選擇。」

認知是概率化的，決策則屬於現實的那一瞬間。

在九段心法——內控部分，我們提及，大腦從獲取信息到採取行動，需要經過感知—認知—決策—行動這四個步驟。當我們用上一章提到的直覺思維做決策時，往往會跳過中間兩個步驟，直接從感知到行動。反過來看，如果要培養理性思維，認知和決策這兩個環節就顯得至關重要。我把它們分別稱為「灰度認知」和「黑白決策」，我會借助這兩個概念帶你重新理解認知和決策的方法。

在此之前，我們先來回顧一下認知和決策的涵義。認知就是你對收集到的信息進行處理，像分析官一樣思考，評估各種選項。決策就是在各種選項面前，你像一個指揮官一樣做出最終選擇。

我們都知道，灰色處於白色和黑色之間，當我們想要準確描述它時，需要給它加上一個百分比。灰度認知說的便是在評估選項的階段，先不要急於做非黑即白的判斷，保持一定的灰度，這個灰度最好有一個數值。相反，黑白決策就是說我們在形成最終決策時必須有一個黑白分明的選擇，不能模稜兩可。但在現實中，我們恰恰容易把兩者混淆，在認知環節非黑即白，在決策環節猶豫不決。

認知階段要保持灰度

我們來看一個有趣的案例，它能幫助你深入理解在認知和決策的過程中出現的問題。

二十世紀九〇年代中期，銅價下跌得很厲害。加拿大一間礦業公司下屬的一個位於美國的銅礦經營困難，總公司想將其關閉，但也面臨來自多方的阻力。這個有超過一千名礦工的銅礦幾乎是當地唯一的企業，若將其關閉，無疑會給當地經濟造成巨大的負面影響。另外，關閉銅礦意味著當地管理團隊承認決策失誤，為保全名聲，他們也不願意那樣做。

除了關閉銅礦，這家礦業公司其實還有另外兩個選擇：一是不在本地煉礦，把礦石運到加拿大，用新式熔爐提煉；二是繼續向北挖礦，因為這個銅礦的北部可能還有很多礦藏。

公司高階主管傾向於關閉銅礦，礦區經理則認為應該繼續經營，各方吵得不可開交，會議開了幾個小時仍毫無進展，大家都很沮喪。關閉銅礦面臨的阻力，一如我們在現實生活中遭遇的諸多難題：各種因素交織在一起，擺在眼前的選擇各有利弊，很難一下子釐清。這時，一個名叫馬丁的年輕人突然提出一個問題：「這個選擇必須具備怎樣的條件才能成為正確答案？」

這個年輕人是礦業公司請來的，來自一家專業諮詢公司，他敏銳地發現大家在討論選項的時候都犯了一個錯誤——每個人都急於證明自己的選項是最好的，並試圖說服對方。事實上，討論就是一個對事物形成認知的過程，灰度認知需要人們全面評估各種選項的可能性。如果每個人都固守自己的觀點、反對別人的認知，而沒有人像分析師一樣真正思考每個方案的可行性、成本和收益，會議自然無法進行下去。

提出這個問題的人名叫羅傑．馬丁，後來他成為多倫多大學羅特曼管理學院院長，他的商業思想在全球都產生了一定的影響力。馬丁提倡把每一種可能性都盡可能羅列出來，並對它們進行分析。這樣就能理性地評估每個選項的優劣。事實上，一旦開始這樣思考問題，我們看待問題的方式就會發生轉變，因為它把我們從一場非黑即白的對錯之爭中拉回到對事實本身的判定上。

換句話說，在認知階段無須非黑即白，不要把討論方案變成堅守立場的攻防戰。當礦業公司的人員從「黑白認知」轉為「灰度認知」時，局面隨即發生轉變，三個方案的可行性變得一目瞭然——把礦石從海上運往加拿大這個選項聽起來不錯，但一算帳就會發現費用遠超預期，所以只能放棄；擴大礦區的選項也很有吸引力，但從技術的角度來看，新舊礦脈之間有一個巨大的岩壁，打穿岩壁的成本過高，所以也不可行；到最後大家發現，儘管「關閉銅礦」的決定很艱難，但它是唯一可行的選項。

經過「灰度認知」這個過程，連反對者也不得不接受這個決策。它的秘密在於，不把時間和資源浪費在非黑即白的爭吵上，而是對每個選項進行灰度數值的確認。比如，馬丁的確認辦法是衡量每個方案成功所需的條件，這就好比從認知角度發起一場「實戰模擬」或者「壓力測試」。你在完成測試後就能很清楚地知道該如何決策，而不是沒摸清楚原因就隨便做出判斷。

當我們擁有一個觀點時，不管多麼自信，都要意識到，這個觀點不可能是百分之百正確的。既然如此，我們就要冷靜地思考一下，這個觀點成立的可能性究竟有多大。如果這個關乎可能性的數值介於0和100％之間，那它就是一種有灰度的認知。灰度認知的底層是概率思維。不管你的某個信念多麼堅定，都要在前面加上一個概率數值。

可信度加權

我曾在一部介紹獅子捕獵的紀錄片中發現了一個驚人的事實——獅子大多數的捕食行動都以失敗告終。即便是草原之王，失敗了也要餓肚子。

我之所以舉獅子捕獵失敗的例子，是因為我們總有一個錯覺——厲害的人做什麼都能成功。其實不然。《原則》一書的作者瑞・達利歐所在的橋水基金是全球最大的對沖基金，在看似光鮮的投資戰績背後，達利歐也犯過很多嚴重的錯誤。這使得他重新研究了一套公司做決策的方法，也就是後來被很多人提及的「可信度加權」。橋水基金在採用這套方法後，投資決策的品質得到了大幅提升。

事實上，可信度加權就是典型的在灰度認知下取得的決策方式。鑑於這種方式非常實用，我覺得有必要好好解釋一下。你可以把「加權」理解成「乘以權重」。舉個例子，開一個家庭會議，一家人就要不要買洗碗機這件事表態。其中，每位家庭成員的意見權重不一樣，比如妻子的權重是50%，丈夫的權重是25%，孩子的權重是25%。最後在做統計的時候，妻子的一票相當於丈夫的兩票。

這個方法聽上去很簡單，達利歐在橋水基金採用的工作方法就是如此：公司內部專家都有表達意見的權利，但根據每個人過往的表現，每個人的意見權重會有差別。對於那些能力更強的決策者的觀點，公司會賦予更大的權重。經過簡單計算，最後得到一個群體意見。

二〇一二年，橋水基金內部討論關於歐債危機的決策難題，在討論過程中出現意見分歧。一半的人認為歐洲央行會印更多的鈔票來購買債券，另外一半的人則反對。在這種情況下，正是可信度加權的分析系統打破了僵局。

可信度加權不是無差別的民主，也不是獨裁，而是把每個人的可信度納入考量。具體辦法是他們先用自己發明的集點器工具，收集大家對一個問題的不同看法，可能會收集幾十種，然後其他人就可以對別人的想法打分。達利歐就曾提及，一個實習生對他的想法打了三分，滿分是十分，三分也就是很差的意思。但是因為這個實習生的資歷比較淺，他打出來的分數所乘的權重不會很高。如果有一個權重高的人贊同達利歐的想法，這個想法的得分就會變得比較高。經過一系列計算，就能得到一個群體決策的最終結果。

這是一個可信度加權決策程序。最後，橋水基金正確預測了歐洲央行會印更多的鈔票。

獨立思考的確很重要，一個聰明人的思考也很有價值，但更好的方法是召集一群獨立思考者，讓他們分別做出判斷，並對他們的判斷進行加權。這樣做，你就能長期得出比其他人品質更高、更穩定的判斷。

說了這麼多灰度認知，我們再來看什麼叫黑白決策。黑白決策相對比較簡單，就是要敢拍板，做出非黑即白的決定，不模稜兩可、猶豫不決。

假如人生是一個超級電腦遊戲，那麼這個遊戲有一個重要的規則設置，即你在某個時間只能出現在某個地點。比如你想結婚，現在有兩個不錯的對象，兩者各有優缺點，但你最終只能選擇一個。人生充滿了類似的「向左還是向右」的岔路口。這是這個遊戲最有趣的兩個規則之一，另一個規則是該遊戲只能玩一次。

決策者是要為其他人負責的。就像在戰場上打仗，指令必須清晰，不得含糊。這就是領導的意義和價值。因此，對於決策者來說，他承擔的責任就是告訴夥伴們，這件事是做還是不做、什麼時候做、投入多少資源。

這個世界上所有的知識都具有不確定性，包括這句話本身。我們只有容忍不確定性的存在，用灰度的方法去認知，去盡量測量它的灰度，才可能逼近真理一步。換句話說，灰度認知就是開放地考慮各個維度的選項，並賦予它們相應的權重。至於黑白決策，就是根據計算結果給出清晰果斷的選擇。

事實上，做好了灰度認知，黑白決策也就不是難題了。從橋水基金的決策方法中，我們可以得到啟發：一群專業人士的意見加權遠遠比一個人的意見更可靠。所以，我們可以為自己打造一個專家意見團，在不確定的複雜決策面前，提高我們的勝率。

小知識，大重點 ←

1

認識是發散的、開放式的，所以是灰度的；決策是收斂的、閉合式的，所以是黑白的。這兩者就像是剪刀的兩個刀刃，剪向某個時空點，就會影響甚至決定我們的未來。

2

為什麼很多聰明人幹不成大事？雖然他們有很強的認知能力，但缺乏黑白分明的拍板能力。塞羅爾說：「世界上最大的麻煩是，愚者十分肯定，智者滿腹狐疑。」認知的灰度和決策的黑白，是一種看起來有些對立的結合。如何將兩者結合起來？第一，想明白；第二，有方法。

3

奇普．希思說：「我們決策的『歷史紀錄』不是太好。」信任直覺或進行嚴密分析都不能確保我們做出好決策，但一個好的流程卻可以。有研究表明，決策流程更為重要，比分析重要六倍。

4

灰度這個概念，有兩重意思：一是別非黑即白；二是灰度是有數值的，絕非灰暗無光的意思。概率的價值在於，我們可以把觀點轉化為更精確的數字。有些人會懷疑：「本來就是不確定的事情，你非要計算概率是多少，那不是瞎猜嗎？」哪怕是瞎猜的一個數字，也好過一大堆「我覺得」和「有可能」。而且，結合體系與流程，例如，採用貝葉斯算法，一堆瞎猜的概率，最終會產生驚人的預測效果。本質上，概率幫助我們在複雜的不確定世界裡，發現未知事件之間的因果關係，也就是不斷追問本質的「為什麼」。

5

決策樹算是把灰度認知和黑白決策結合在一起的一種工具。其核心邏輯是，把一件複雜的事情拆成一個個相對簡單的事情。比如，某件事情的決定性因素可以拆成三個簡單且獨立的事件，我們給每個「簡單事件」估算概率和期望值，從而為決策提供量化依據。事實上，即使估算不夠精確，這個過程已經算是真正用大腦發現事物本質層面的因果聯繫，從而對不確定的事件做出判斷和決策。

查理．蒙格說：「假如有二十種相互影響的因素，那麼你必須學會處理這種錯綜複雜的關係，因為世界就是這樣的。但如果你能像達爾文那樣，保持好奇心並堅持循序漸進地去做，那麼你就不會覺得這是一個艱巨的任務，你將會驚訝地發現自己完全能夠勝任。」

6 然而，很多時候，認知的價值被過分放大了。就像那些出現官僚主義的大公司，看似一堆高學歷的強者在沒完沒了地開會，其實他們是在追求「精確的模糊」。吉姆·布雷爾說：「人們通常厭惡不確定性。我們的社會花費了數百億美元用來減少不確定性，為了減少最後10%的不確定性，我們通常要付出荒謬的代價。」

7 保持灰度，其實就是保持無知。馬克·吐溫說：「讓我們陷入困境的不是無知，而是看似正確的謬誤論斷。」灰度認知是一種在不確定情境下的生存之道。用羅素的話說，就是「使人們不至於因猶豫不決而不知所措」。斯圖爾特·費瑞斯坦的觀點是，承認不確定性是我們接近客觀事實這一目標的首要步驟。正確的態度應是：「這件事，我不知道。來，讓我們一起算算看。」我的一個觀察是，假如你對一件事情沒有足夠的認知深度，就很難做出很好的決策。

8

當你非要做決定的時候，隨便做一個決定也好過不做決定，尤其是在戰場上。當然，我們在說「不」的時候，也是在做決定。人們不敢做決定的原因是，不願意承擔不確定性的風險。但我們一定要意識到，任何一個決定，一定是有利有弊、有得有失，你必須一刀切下去。膽小鬼、道德逃避者、思維潔癖患者，都無法做到「黑白決策」。

決策就是對未來下注。你無須每次都對，你要做的是建立一個整體期望值為正的下注體系，而且這個體系可以不斷進化和完善。從商業模式的角度來說，你最好開一個賭場。

9

「黑白決策」的另外一句潛台詞是別後悔。反省檢討很重要，感嘆自己「差一點就對了」則會摧毀你的決策系統。尼采說，懊悔是「在重複第一次的愚蠢行為」。反省檢討的關鍵是分清結果和運氣。例如，你做某件事情獲勝的概率是60%。假如你輸了，也不奇怪，因為你落入了要輸的那40%的概率區間。這屬於運氣。反省檢討需要回到「灰度認知」，需要對決策流程進行評估，包括對概率數值進行更新。

10

以我的觀察來看，決策是一種需要鍛鍊的能力。從教育的角度來看，父母對孩子養育得過於精細，其實是剝奪了孩子鍛鍊決策能力的機會。對於認知，有些人說人算不如天算，那還要不要算呢？當然要，否則你就會屈服於命運。厲害的決策者，看起來都是舉重若輕的。然而，我們千萬不要因此產生錯覺，以為決策是一個簡單的事情。正如弗里德里克．邁特蘭德所說：「簡單是長期努力工作的結果，而不是起點。」真正的屠龍術，莫不如此。

第十關・武斷
自我批判的「雙我思維」

一個人變得越來越聰明，並非指他擺脫了愚蠢的自己，而是學會了讓聰明的自己與愚蠢的自己相處。

讓自己變成一個有自制力的人，並非不斷考驗自己的自制力。比如，你決定改變睡覺前看手機的習慣，那麼你應該做的，是別把手機帶進臥室。

我們的人生絕大多數時候都猶如置身無邊無際的大海，只擁有極少的已知條件。但絕大多數時候，我們有限的努力、笨拙的推理，都能令自己脫離險境。

上一章提到，在決策階段我們要足夠果斷，做到非黑即白。但在實際操作的時候，我發現果斷和盲目自信的武斷之間並沒有那麼涇渭分明。稍有不慎，果斷就會變成一種武斷。在做決策的時候，要如何避免陷入武斷的泥沼呢？

我們先來看兩個因為武斷而做出錯誤決策的案例。

一九七七年的特內里費空難被視為航空史上最嚴重的一次事故：兩架客機相撞，致使五百八十三名乘客和機組人員死亡。《搖擺：難以抗拒的非理性誘惑》一書記錄了這起事故的前因後果。

事故其中一方是荷蘭皇家航空公司4805號班機，機長范．贊滕堪稱世界上經驗最豐富、技術最精湛的機長之一，並長年擔任新飛行員的訓練官。當4805號班機第一次要起飛的時候，前方目的地機場臨時關閉，也不知道什麼時候開放。機長范．贊滕不願意白等，想就地加油，這樣在下一站中轉的時候就能節約半個小時。但剛開始加油，目的地機場居然重新開放了，機長因此錯過了這次起飛。

輪到4805號班機第二次起飛的時候，意想不到的事情發生了，機場忽然起了大霧。這下機長范．贊滕可急了。霧越來越大，機場隨時都有可能關閉，一旦關閉就徹底飛不成了。這位世界級的機長越來越焦慮，他加快引擎，滑上跑道。副駕駛提醒他眼下能見度太低，並以未收到塔台的起飛許可為由及時制止他。心急如焚的范．贊滕機長在錯把「起飛後的航線航行許可」當作起飛許可後，不顧副駕駛的質疑，強行加油起飛。

可怕的一幕出現了，另一架隸屬於美國泛美航空的波音747飛機由於接收信息有誤，在4805號班機前方的跑道上滑行。此時已無任何調整餘地，兩架客機相撞，致使五百八十三人遇難。

這起駭人聽聞的空難，一如我們在現實生活中遇到的難題：考慮到問題A，結果問題B又冒出來了。想謹慎一點，結果錯過了時機；想大膽衝一把，結果又踩到了地雷。很多人在現實生活中都會陷入如此困境。

康乃爾大學的研究人員發現，在「九一一」事件之後的三個月，也就是二〇〇一年十月至十二月，平均每個月因交通事故死亡的人數比以往多了三百四十四人。原來，因為害怕坐飛機，更多市民選擇自己開車，結果出現了更高風險的情況，因為車禍死亡率遠遠高於飛機事故的死亡率。研究者認為，人們因害怕坐飛機而選擇駕車這個趨勢導致的死亡人數，可能超過兩千人，這幾乎等於另一場「九一一」事件造成的傷害。

決策武斷帶來的重大傷亡令人心有餘悸。應如何規避上述情況，真正提升自己的決策能力呢？

你需要完成以下三個挑戰。

雙我思維的決策方法

第一個挑戰：避免盲從，對決策多把一道關。

我想和你分享一種非常容易學習，也非常有效的思維方式——雙我思維。這種思維方式要求你在考慮問題的時候把自己拆成兩個人，讓他們相互對話。不要小看這個方法，因為它可以訓練批判性思維。很多在自己所屬領域非常成功的人，就是應用了雙我思維的決策方式。

比如，富蘭克林採用的「道德代數法」就是雙我思維的一種應用。第一步，在思考過程中，他在自己的腦袋裡設置了兩個小人，一個是正方，一個是反方。然後用一條線將一張紙分成兩欄，一欄寫「正方」，另一欄寫「反方」。富蘭克林在正方這一欄寫下贊成的意見，在反方一欄寫下反對的意見。完成這一步，就相當於把自己矛盾的意見整理出來，寫在紙面上一目瞭然了，同時就手上有哪些可以打的牌做確認。第二步，富蘭克林會不帶任何感情色彩地給剛剛寫下的意見打分數。他在這一步確定了各種意見的權重，也就是意見的重要程度。具體操作方法是賦予這些意見數值，把它們變成可以比較的數字。第三步，他計算了兩邊的分數，根據得分的高低，自然就知道該如何做決策了。

富蘭克林採用的道德代數法為那些模糊不清、道理難辨的意見量身打造了一套流程，再糾結的問題，只要按流程走一遍，也能得到明確的答案。這與現代法庭的程序思路相似：使用這種方法，即使線索不完善、條件不確定，也能做出相對理性的判斷。

雙我思維的另一種應用是蒙格的「雙軌分析法」。蒙格也把自己拆分成兩個人——

「理性的我」和「潛意識的我」。他會先問「理性的我」：「哪些因素真正控制了涉及的利益？」然後他會問「潛意識的我」：「哪些潛意識因素會使大腦自動形成雖然有用，但往往失靈的結論？」

蒙格靠這種方法成了地球上最理性的人之一。

要知道，真正區分哪些是潛意識、哪些是理性分析，這個動作本身就很有價值。這能使你對自己做出正確的判斷，在事後反省檢討的時候，你才會知道哪個部分真正起了作用。

第三個雙我思維的應用來自霍華．馬克斯，他是「橡樹資本」的創始人，管理著上千億美元的資產。他的方法被稱為「第二層思維」，他把自己的思維分成兩層：「第一層思維的我」是普通的我，想法和別人差不多；「第二層思維的我」則是高人一等的我，要把第一層所有人的意見考慮在內，甚至能進行和別人完全相反的逆向思考。比如，面對一家公司的股票，「第一層思維的我」說：「這是一家好公司，讓我們買進股票吧。」但「第二層思維的我」會反駁道：「這是一家好公司，但當人人都認為它是一家好公司的時候，它就不是一個好的投資標的了，因為股票的定價過高。讓我們賣出股票，尋找下一個投資機會吧。」

以上三種思維工具的應用各有差異，但本質上它們的使用者都建立了雙我思維，讓自己心裡多住了一個人，讓他和自己對話，反覆探討，考驗自己思維的正確性地做決策了。

性。當你能熟練運用雙我思維的時候，你就成功應對了第一個挑戰，可以獨立、批判

如何正確地評估決策？

我們面對的第二個挑戰是，在反省檢討的時候要如何評估那些做過的決策。其實，對於決策者而言，最大的挑戰不是做出決策這個動作，而是事後對決策本身的評估，因為你在制定下一個決策的時候，會結合對前一次決策的評估進行最佳化調整。

大多數人都會按結果的好壞評判決策。這樣的做法忽略了一個很重要的問題：決策和結果之間並不是簡單的因果關係，這中間還可能有很多不確定因素，比如風險、運氣、其他人的不理性等。

撲克高手安妮·杜克在《高勝算決策》這本書裡分享了她遇到的問題。在一次慈善錦標賽中，她告訴觀眾一名牌手勝利的概率為76％，另一名牌手勝利的概率為24％。結果，有24％勝利概率的那位牌手贏了。在歡呼聲和惋惜聲中，有一名觀眾喊道：「安妮，妳算錯了！」安妮解釋說自己並沒有算錯：「我說了，他勝利的概率是24％，而不是零。你需要想清楚24％意味著什麼！」

安妮的意思是，「一位選手勝利的概率是24％」，指這件事發生的可能性很小，

但仍然有可能發生。可是你不能因為小概率的事情發生了，就說剛才的決策分析完全錯了。你也不能因為這一次的結果就混淆了決策水準和運氣。

正確的決策不一定會產生好結果，但也絕不能因此認定決策就是錯誤的。反省分析的目的，就是要有區別地評估決策水準和運氣。

迭代你的決策系統

做完對決策的反省檢討，我們要應對的第三個挑戰就是，如何根據以往的經驗和客觀事實迭代自己的決策系統。我們回顧一下之前提到的拋硬幣問題。這一次，假設你在一個陌生城市的街頭，看到有人拋硬幣，連續二十次都是正面朝上，那麼下一次正面朝上的概率是多少？

如果是實驗室環境，根據大數定律，當然是50%。但這是在大街上，你需要再想一下硬幣是不是被動過手腳。也就是說，除了評估決策水準，你還要考慮概率環境。在不確定的現實世界（而非實驗室環境），人類的觀察能力是有局限的。你對陌生環境中陌生人手中的硬幣一無所知，只能對它做一個主觀判斷。

這就相當於，已知袋中有M個紅球、N個藍球的情況下，你能輕而易舉地得到從袋中摸出紅球的概率，但在袋中紅球、藍球比例未知的情況下，你只能透過反覆摸球，對兩類球的比例做一個主觀判斷和假設。

這種逆向推得概率的方法被稱為貝葉斯定理，它的強大之處在於，你可以在主觀判斷的基礎上先估計一個數值，然後根據客觀事實不斷修正這個數值。也就是說，「用客觀的新信息，更新我們最初關於某個事物的信念後，我們就會得到一個新的、改進了的信念」。當你下一次做決策的時候，就要基於這個改進了的信念。

回過頭來看，在陌生的地方，陌生人用一個你完全不知底細的硬幣和你玩遊戲。你當然有必要根據客觀的新信息推理這個人有沒有在硬幣上作弊，不斷地修正正面朝上的概率數值。

貝葉斯定理為我們提供了一個思路：在不確定的環境下，每一條新信息都會影響你原來的概率假設，你需要根據現有的信息調整你的決策思路。因此，厲害的決策者都是「貝葉斯高手」。他們在開始的時候未必比你高明多少，但可以不斷更新，逼近潛在本質，迭代自己的決策系統，進而實現更準確的推理和決策。

總結一下，武斷是決策的大敵，要想做出好決策，我們要應對三個挑戰。第一個挑戰，你要用「雙我思維」去決策，讓兩個你在腦海裡打架，避免武斷決策。第二個挑戰，你在反省檢討的時候要保持理性，不能簡單從結果出發評判決策的好壞。第三個挑戰，要用貝葉斯定理的思路不斷迭代你的決策系統。

小知識，大重點 ←

1

一直以來，我們都在犯一個巨大的錯誤——我們試圖消滅另外一個自己。

2

例如，你在事業上節節高升，越來越需要公開講話，但你經常怯場。你千方百計地去上各種演講課，希望像賈伯斯一樣從容而有魅力。然而，練習了很久，你還是無法克服一上台就發抖的習慣。

3

直到有一天，一位演講高手對你說：「你的目標不是『演講的時候不要發抖』，而是『發抖的時候還能演講』。」

4

沒錯，你根本沒必要消滅那個怯場的自己。那個你已被深深地寫入基因。你要做的，是

「雙我共存」：讓學會演講的自己暫時接管局面，讓怯場的自己靜悄悄地藏在演講台下發抖。

5

「我」到底是什麼？這是宇宙中最大的謎團之一。打開人類的大腦，我們根本無法找到「我」的容身之地。大腦甚至沒有一個CPU。

6

有科學家認為，人類的大腦就像一個鬧哄哄的會議廳，一堆人亂七八糟地發言，有時候是有道理的一方得勝，有時候是嗓門大的一方得勝。不管哪一方得勝，大腦都有一個神奇的功能——自圓其說。它非常擅長把一團混亂的東西杜撰成一個完整的情節，塑造出一個你自己確信無疑的「自我意識」。

7

理解了大腦的局限之後，你就理解了我為什麼要提「雙我思維」。你無法消滅那個感性、衝動、懶惰的第一個我，你要做的，是讓第二個我和第一個我建立聯合CEO機制。

8

富蘭克林和蒙格的方法是「空間的雙我」。積極反省檢討是「時間的雙我」。橡樹資本的霍華．馬克斯用的是「認知深度的雙我」。貝葉斯更新用的則是「空間+時間+認知深度」的雙我。

9

這個世界上並沒有超人。人和人之間在硬體設備上的差距遠遠小於我們所用的手機之間的硬體差距。厲害的人並非沒有蠢念頭，只是他們有更強大的「雙我機制」。平庸者喜歡說：「你看，這件事本來我都想到了，可是……」對平庸者而言，「雙我」只適合當事後諸葛亮。

10

「雙我思維」其實是設置了一種自我的對話機制，讓自我強行進入主動思考的程序。你不能消滅那個讓你惱火的自己，試著和其一起建立一個「黑白雙煞二人組」，或許能成為一個超級樂隊。

第十一關・情面
堅決行動的渾球思維

無原則地討好別人並無意義。

我將討好策略更新為討好極近和極遠的人。極近的人就是你身邊的人，那些你願意為他們兩肋插刀的親友。極遠的人是與你所追尋的意義相關的人，例如「孤獨大腦」和本書的讀者。

渾球清晰地定義了自己要討好誰，並且非常堅定。生命有限，這麼做也許是對的。

在本章，我們要討論的人生難題是情面。我們很多時候都會顧及他人的情面，在應該行動的時候猶豫不決。可有一類人，他們絲毫不受情面影響，朝著自己的目標堅定行動，看起來甚至有些渾球。

不知道你發現沒有，很多決策者都有渾球的一面，早些年，生活中的巴菲特就是一個典型例子。他的孩子遇到車禍，回家把這件事告訴他，他頭也沒抬，第二天才想起來去看看情況。他自己賺那麼多錢，女兒卻連彩色電視機都買不起。連被他收購的公司的創始人，希望保留極少一部分股權做為家族紀念，也被巴菲特毫不留情地拒絕了。

同樣有渾球那一面的，還有Google的創始人賴利．佩吉。二〇〇一年，他不顧其他高階主管反對，突發奇想要解雇所有的專案計畫經理。他當著一百三十多位同事的面，直接宣布炒了所有專案計畫經理的魷魚，事先完全沒有任何通知。

特斯拉的CEO伊隆．馬斯克更是渾球領域的集大成者。他對產品的想法反覆無常，工程師們被來回折騰，痛苦不堪。勤懇工作的老員工更曾因提出加薪要求被他掃地出門。

渾球和決策者究竟有什麼關係呢？是不是因為他們厲害，所以有資格當渾球？不，我要說的是，渾球思維恰恰是這些決策者的秘密武器。

為了更充分地理解渾球思維，我們先要了解大腦內部一個非常有趣的秘密機制。幾十年前，認知神經科學家葛詹尼加思考了一個問題：「假如我們的大腦擁有各個獨立運作的系統，這是不是意味著大腦有統一的意識？」透過長期研究，葛詹尼加終於發現，大腦接收的外部信息是非連續的碎片，就像一張張獨立的圖片一樣。那連貫的意識是怎麼形成的呢？

葛詹尼加的研究指出，人的左腦中有一個敘述系統，他把這個系統命名為「詮釋者」。「詮釋者」會編造故事，把碎片信息組成有邏輯的故事。就像把圖片連續播放，變成電影一樣。不過在這個過程中，為了讓故事看起來能夠自圓其說，它還可能篡改事實，強加不存在的因果聯繫。

因此，大腦裡的統一意識都是經過「詮釋者」藝術加工過後的劇本。絕大多數人都毫無覺察地被這個「詮釋者」支配著。我們的意識和感覺其實是大腦加工後的「錯覺」。正因為如此，往往越聰明的人、越覺得能理解這個世界的人，越容易自欺欺人。

但是，有渾球思維的人常常不按牌理出牌，他們並不屈服於「詮釋者」安排好的劇本。渾球們不欺騙自己，做事不顧一切，敢於不罷休，沒心沒肺。得益於這些看似很沒道理的缺點，他們反而擁有了某種「超級理性」。這能讓渾球們避免犯很多普通人常會犯的非理性錯誤。我把渾球思維稱為大腦的「先天免疫能力」。

渾球思維的七種武器

具體來說，「渾球思維」包括以下七個特點。

1.從不維護自己的正確

2. 從不在乎別人的評價
3. 從不受制於他人的情感波動
4. 從不忌諱殘忍的坦誠
5. 從不同情自己的遭遇
6. 從不停止瘋狂的探索
7. 永遠追尋偉大的意義

接下來，我們就來看看這七種武器各有哪些厲害之處。

第一種武器：從不維護自己的正確。

賈伯斯就是一個典型，他是出了名的反覆無常。在公司開會時，賈伯斯經常罵別人的想法一無是處。有的想法即使被他否定了，如果他後來認為那個想法的確很好，仍然會採用它，絕對不會維護自己的權威和正確。

對於決策者而言，這一點至關重要。就像行軍打仗，發現走錯路了，就該立即掉頭。除了上述的例子，賈伯斯還曾果斷地砍掉了在商業上未能取得成功的個人數字助理產品——「牛頓」（Apple Newton）。他做決定時毫不在乎自己的面子，一些在別人看來很艱難的決定，他做起來卻絲毫沒有心理負擔。

要做到這一點非常不容易，歷史上很多大人物都敗在了這件事上——楚霸王項羽打了敗仗就無顏面對江東父老。在現實生活中，犯這種錯的人無處不在。尤其是對已經功成名就的人來說，為了維護自己的正確，他們往往會付出巨大的代價。

第二種武器：從不在乎別人的評價。

叔本華說：「人性一個最特別的弱點，就是在意別人如何看待自己。」但是對於渾球而言，他們天生就不在意別人的評價。

拿巴菲特來說，他認為他投資生涯最重要的財富，也是個人品質中最重要的一點是內部計分卡，也就是自己給自己打的分數。與之對應的外部計分卡，是外界給你打的分數。我們不是不需要評價反饋，而是要弄清楚應該把哪個評價做為自我挑戰的準則。巴菲特認為，比起聽從外界，聽從自己的內心更重要。

在我們的生活中，這樣的人獨立、有主見、不在乎他人的意見，甚至有點自私或者獨斷。表面上來看，這樣的人的性格和一般人不一樣，實際上是兩者的評價體系（內部計分／外部計分）不一樣。

第三種武器：從不受制於他人的情感波動。

這並不是說渾球們自己的情感不會波動（賈伯斯就很容易發怒），而是說渾球們不容易受他人的情感波動影響，這也是優秀運動員必須具備的素質。韓國著名圍棋選手李昌鎬有個綽號叫「石佛」，就是說他下棋的時候面無表情。在一次比賽上，記者給李昌鎬拍了一百多張照片，洗出來一看，他都是一個表情。

其實「呆若木雞」這個成語最初的意思和現在完全不一樣。它出自《莊子》裡的一個故事，說的是戰國的時候流行鬥雞，齊王請人訓練鬥雞。有位高手花了四十天，終於培養出一隻雞，牠不叫不鬧，和一塊木頭一樣，收斂了全部精神，把別的雞全嚇跑了。這隻木雞就是鬥雞裡的「戰鬥雞」。不受他人情感波動影響，就是競技的最高境界。

第四種武器：從不忌諱殘忍的坦誠。

極度坦誠是一種效率最高的溝通方式，雖然經常很殘忍。哈佛大學一位叫羅伯特·凱根的學者發現，大多數企業的員工在公司其實要做兩份工作，一是本職工作，二是參與社交並處理各種關係。像達利歐這樣的渾球就覺得，為什麼要把時間浪費在這些事上面，所以他就在橋水基金內部建立了「極度坦誠、極度透明」的企業文化。比如，達利歐在TED演講上講過，公司的一位實習生在某次決策會議上當面給老闆（達利歐）的觀點打了極低的分數。

第五種武器：從不同情自己的遭遇。

渾球幾乎不會有自怨自艾的情緒，這令他們在困境中仍能保持極度樂觀。伊隆·馬斯克的SpaceX（太空探索技術公司）在遭遇了一次火箭墜毀後，一群人在酒吧借酒消愁，大家對「公司的錢頂多只夠再試一次」這一點心知肚明。雖然馬斯克也為財務狀況擔憂，但他還是表現得非常樂觀，確立了新的目標——六個月後重新發射火箭。正因為如此，SpaceX後來拿到了NASA的一份大合約。

第六種武器：從不停止瘋狂的探索。

渾球一旦設定了目標，就敢於進行瘋狂的探索，即便在很多情況下這些目標看起來不可能實現。

在特斯拉電動車的研發過程中，由於電池太重，研發人員提出了用鋁代替鋼的方案，以減輕車身重量。但當時北美生產鋁製車身的技術尚未成熟，這帶來了很多麻煩。團隊想放棄，但馬斯克毫不妥協。他說：「我知道我們一定能夠做到，只是花多少時間和精力的問題。」事實證明，他的選擇是對的。

馬斯克似乎總能做成常人不敢想像的事。為了完成那些看起來不可能的任務，他有一個非常有效的方法，就是考慮實現路徑，而不是爭論是否可行。這樣一個人就不會被問題本身嚇到，而會回到解決問題的軌道上思考問題。就像馬斯克說的，這「只是時間和精力的問題」。

這些渾球之所以敢如此篤定，就是因為他們明白這個道理。賴利．佩吉也說過：「好的點子在被實現之前，人們總覺得它很瘋狂。」渾球們從來不畏懼瘋狂。

第七種武器：永遠追尋偉大的意義。

最後這一條特別重要，它是有渾球思維的人和真正的渾球最大的區別。正如愛默生所說：「對於一心向著目標前進的人，全世界都會為他讓路。」

《鋼鐵人馬斯克》的作者艾胥黎．范思曾經評價馬斯克，我覺得那是對有渾球思維的人很好的一段描寫。他寫道：

馬斯克是有情有義之人，他以一種史詩般的方式呈現喜怒哀樂，他感受最深刻的是自己改變人類命運的使命。因此，他難以意識到他人的強烈情緒，以致他富有人情味的一面會被掩蓋，令他顯得冷酷無情，不會顧及個體的想法和需求。但很可能只有這種人，才能將太空網路的奇思妙想變成現實。

這也正是我在渾球思維中想著重表達的——想想看，你我為了情面，放棄了多少機會！事實上，渾球思維並非鼓吹一種橫衝直撞的能力，而是強調一個人如何最大限度地燃燒自我，擁有某些反人性的超級品質，但不失人性，從而成為一個為人類做出貢獻的渾球。

小知識，大重點←

1

人們都嫌自己不夠渾球，覺得自己過於仁慈。在這裡，我對「渾球」的定義是：不受七情六慾影響，做正確的事情。這個定義多少是複雜的。什麼是七情六慾？什麼是正確？理性和倫理的關係與界限是怎樣的？渾球如何面對「電車難題」？我只能說這裡的渾球，不包括（且不限於）厚黑學、馬基維利、社會叢林達爾文主義、不擇手段成功學……

2

你有沒有發現一個事實？一個真實的人遠比一個善良的人更能幫助你。羅素說：「那些忘記善惡，只顧追求事實的人，與那些因欲望扭曲事實，只看到自己想看的東西的人相比，更容易達成善舉。」說回你自己。渾球似乎更理性。羅素還說：「人的情緒起落是與他對事實的感知成反比的，你對事實了解得越少，就越容易動感情。」羅素絕非鼓吹冷血。我們知道，他和維根斯坦等人創立了邏輯分析哲學。二十世紀初，羅素轉向邏輯實證主義，提出邏輯原子論，要求從相當於邏輯上原始命題的原始事實出發，以這種事實做為基本元素，由此構造整個世界。羅素認為這種原始事實是主觀的感覺經驗，而且這些元素之間彼此毫無聯繫。羅素認為，人所感覺到的是事實或事實的集合體，它既不能被認為是物理的，也不能被認為是心理的，而是中立的。他把這種說法叫作「中立一元論」。

3

我最討厭「會做人」的說法，也許是因為自己天生情商低吧。做為社會動物，我們受益於社交，也受制於社交，尤其是那些流於表面的社交。賴利．佩吉說過，他有兩個職業選擇，當教授或者當CEO。這樣他就不用考慮世俗的智慧，可以專心致志做渾球了。我稱之為「結構性渾球」。從這一點來說，我在職業上差不多也算選擇了一條結構性渾球的道路。

渾球的基本原則之一是放棄討好他人。嚴歌苓說過：「我發現一個人在放棄給別人留下好印象的負擔之後，原來心裡會如此踏實。一個人不必再討人喜歡，就可以像我此刻這樣，停止受累。」所謂討好型人格，其實是用小恩小惠來逃避真正的責任。

4

渾球的基本原則之二是放棄討好自己。蒙格認為：「總的來說，嫉妒、怨憎、仇恨和自憐都是災難性的思想狀態。過度自憐可以讓人近乎偏執，偏執是最難逆轉的東西之一，你們不要陷入自憐的情緒中。自憐總是會產生負面影響，它是一種錯誤的思維方式。」在蒙格看來，如果一個人能夠避開它，他的優勢就遠遠大於其他人，或者幾乎所有的人，因為自憐是一種標準的反應。一個人可以透過訓練來擺脫它。既不討好別人，也不討好自己，那該討好誰呢？

《原則》一書給出了答案：每當面對是實現自己的目標還是取悅他人（或不讓人失望）時，他們都會選擇實現自己的目標。

當然，必須是偉大的目標，而且達利歐的理論應該被限制在商界。

5

在本書的體系裡，渾球思維扮演著非常重要的角色。回顧認知閉環：在感知環節，你需要敏感；在認知環節，你需要理性；在決策環節，你需要果斷；在行動環節，你需要野蠻。難題來了，敏感和野蠻衝突，理性和果斷也有點糾結。所以，你我做為平常人，經常是看似想明白了，卻不能下手；看似下手了，又猶猶豫豫。

對於馬斯克這樣的渾球呢？這根本不是問題。他和巴菲特、貝佐斯一樣，某種意義上他們的性格都是分裂的：在感知的時候，渾球們一觸即發；在認知的時候，渾球們100%理性；在決策的時候，渾球們絕不糾結；在行動的時候，渾球們十分渾球。在各個頻道切換時，渾球們絕不像我們那樣拖泥帶水，他們會在自己分裂的性格上自由跳躍。

6 女性在擇偶上體現了不顧世俗的大膽和隨機性，在某種意義上拯救了不少渾球，豐富了人類物種。渾球的一個特點就是多樣化。我好像一不小心回到了達爾文主義，好在達爾文本人在現實生活中是一個非常不達爾文主義的人。

7 如何成為一個偉大的渾球？答案是理智+情感。我在本章給出了具體建議。

8 冥想似乎是渾球的一個秘密武器。從一九六九年以來，達利歐幾乎每天都會進行冥想，他說這對自己產生了巨大影響。「它能讓你獲得一種平靜、一種中心意識，以及一種安寧，這樣你就能以一種更好的方式處理事務，思慮周全，而且不受情感牽絆。」冥想的「作用非常強大」，達利歐說，「它讓我獲得了一種平衡，對我幫助很大」。

9 人的一生其實就是變得越來越渾球的一生，這一點不可逆轉。關鍵在於，你在被動成為一個渾球的時候，不要被體制化，成為混口飯吃而不問是非、不講尊嚴的渾球。渾球可能是頑童的延續。渾球眼中，別人也是渾球，如此一來，降低了期望值，少了很多煩心事。然而真正的渾球並不會「厚黑」下去。例如，蓋茲和賈伯斯在年輕的時候都是渾球，成年後卻能不遺餘力地回報社會。這絕非先拿起屠刀，再放下屠刀立地成佛。他們讓現實沒那麼殘忍，令世界更加有趣。

所以，你是一個渾球嗎？

第十二關・霉運
在優勢區域打擊

運氣很難被改變，但是運氣的運氣可以被改變。
運氣是和最厲害的拳擊手打死不罷休，運氣的運氣是找游泳冠軍打德州撲克。
運氣是守株待兔，運氣的運氣是蓄水養魚。
我在這一篇裡，用量化和可視的方式，解構了泰德・威廉斯的秘密。
理解了背後的算法，我們就會對以下策略的力量感到驚訝——

- 挑簡單的事重複做。
- 把陳腔濫調的事情做出新意。

本章，我和你聊的人生難題是霉運。我們總是埋怨自己的運氣不夠好，對於運氣，我們又能做點什麼呢？很多時候，我們無法改變運氣，但可以改變「運氣的運氣」。

什麼叫運氣的運氣？我們可以從一道有趣的微軟面試題開始理解。

現在給你兩百個球，一百個紅球和一百個藍球，讓你把這兩百個球全部放入兩個黑罐。你可以任意放球，比如在一個罐子裡放一百個紅球，在另一個罐子裡放一百個藍球，隨便怎麼組合都可以。放好後閉著眼睛選一個罐子，再閉著眼睛從這個罐子裡摸出一個球，如果取到紅球就能贏一百元，如果取到藍球則沒錢。請問你該如何組合，才能使自己摸到紅球的機會最大？

這道題的答案是在一個罐子裡面只放一個紅球，把其他所有球放進另外一個罐子裡。搞懂這道題，你就明白應該如何改變「運氣的運氣」了。

分析一下解題思路：這道題其實有兩個不確定性因素：一是你不確定會摸到哪個罐子，每個罐子都有50%的概率被選到；二是你不確定會摸到哪個球。你不知道會從罐子裡摸出什麼球，就好像你不能決定自己的運氣。但是你可以決定怎麼配置球，就好像你可以決定自己去哪裡碰運氣。

因此，最好的做法就是讓其中一個罐子的機會最大化，全部放紅球，並且放一個就夠了，將另外九十九個紅球放入另一個罐子，讓它們和一百個藍球「戰鬥」。

這樣的話，你就可以簡單計算出摸到紅球的概率。摸到任何一個罐子的概率都是50%，從其中一個罐子（只放了一個紅球的罐子）裡摸到紅球的概率是100%，從另一個罐子（放了九十九個紅球和一百個藍球）摸到紅球的概率是九十九除以一百九十九。這時，你賺錢的概率就達到了74.87%（100%×50%＋99/199×50%），遠遠高於50%。

這就像變了一個魔術：紅球和藍球的數量沒有發生任何變化，僅僅透過改變紅球和藍球在兩個罐子裡的配置比例，就把賺錢的可能性大幅提升了。這就是在無法改變運氣的情況下，改變運氣的運氣的典型例子。

理解基礎比率

怎樣才能改變運氣的運氣呢？

這需要你理解基礎比率的概念。先來看一個生活中可能出現的例子：小明和小強是高中同學，小明又醜又笨，脾氣還不好，小強又帥又聰明，情商非常高。兩個人高中畢業後去了不同城市的兩所大學。兩年過後，在一個寒假舉辦的高中同學聚會上出現了讓人驚訝的一幕：小明帶回來一個非常漂亮的女朋友，小強卻孤身一人。

原來，小明考上了一所外語類大學，班上一共只有三個男生，全校幾乎都是女生。小強則去了一所著名的理工類大學，整個系上只有五個女生。

可以這樣理解，你所在學校的女生所占總學生人數的比例，就是女生的基礎比率。小明的學校女生的基礎比率高達90%，而小強的學校的女生基礎比率只有可憐的5%。因此，自身條件更一般的小明找到漂亮女朋友的概率反而更高。

從校園戀愛的角度來看，小強選錯了賽道。蒙格有名言：「釣魚的第一條規則是，在有魚的地方釣魚。釣魚的第二條規則是，記住第一條規則。」其實他說的就是這個道理。

你是不是覺得理解基礎比率很簡單？改變運氣的運氣，也就是找到基礎比率較高的地方。但回到現實生活中，這個道理還是會讓大多數人覺得迷糊。舉一個經典的例子，一輛計程車在雨夜肇事，現場的一個目擊證人說那輛計程車是藍色的。已知：

1. 這個城市的計程車有85%是綠色的，有15%是藍色的；
2. 這個目擊證人識別藍色和綠色計程車的準確率是80%，有20%的可能會看走眼。

請問那輛肇事車輛是藍色計程車的概率有多大？

這道題是這麼解答的：肇事計程車是綠色但被看成藍色的概率，是綠色計程車的比率85%乘以看走眼的概率20%（0.85×0.2）。該車是藍色且被看成藍色的概率，是藍色計程車的比率15%乘以認準的概率80%（0.15×0.8），經過計算，該車真的是藍色的概率是41.38%。

公式很簡單：

$$(0.15\times0.8)/[(0.85\times0.2)+(0.15\times0.8)]=41.38\%$$

也就是說，雖然目擊證人說看到了藍色計程車，而且他看準的可能性高達80%，但是因為綠色計程車的基數較大，實際上是一輛綠色計程車的可能性更大。所以，肇事計程車更可能是綠色的。

推導概率的過程雖然並不複雜，但和人的直覺還是有點衝突。我們可以再看一個更加直觀的例子：唐僧師徒走在深山裡，遇見一位獨自趕路的美女，孫悟空拿出金箍棒就要打，說她是妖怪。唐僧說：「住手！這位姑娘一看就是大好人，怎麼可能是妖怪？」孫悟空說：「在深山老林裡，這個時間出門散步的十有八九是妖怪，怎麼會是良家婦女？」

我會把這個場景跟計程車的案例類比一下，幫助你理解基礎比率。唐僧就相當於那個目擊證人，而且看人很準，他認為這位美女是好人，他看準的概率高達80%。孫悟空判斷在深山老林裡出現妖怪（對應綠色計程車）的概率是85%，出現人（對應藍色計程車）的概率是15%。

這麼算下來，這位美女是妖怪的概率還是更高。我們之所以更傾向於「美女是人」、「肇事車輛是藍色的」這樣的觀點，是因為我們總是忽略基礎比率，下意識地根據事件的典型性做出判斷。

用配置層把握運氣的運氣

有了這些數學知識做準備，我們來分析一下運氣的運氣這個話題。我想跟你探討的問題是，一個人成為窮人或者富人，到底是注定的，還是靠打拚？天賦與才能對成功到底有多大作用？下面我要講的例子不是新鮮故事，但可能是第一次被從這個角度解讀。

泰德．威廉斯是頂尖的棒球員，也是過去七十年來唯一在單個賽季打出四百次安打的運動員。他在《打擊的科學》這本書中寫道：「對於一個打擊者來說，最重要的事情就是等待最佳時機。」他的策略和一般的棒球運動員的策略並不一樣。

第一步：把打擊區劃分為七十七個棒球那麼大的格子。

第二步：給格子打分。

第三步：只有當球落在「高分格子」時，他才會揮棒。即使可能三振出局，他也堅持這個做法，因為揮棒去打那些落在「最差格子」的球會大大降低他的成功率。

威廉斯的秘密在於，他將自己的概率世界分成了兩層。別人只有執行層，就是打擊，但他在自己的執行層上增加了一個配置層，就是決定是否打擊。

在執行層，無論他多麼有天賦、如何苦練，他打擊成功的概率在達到一定的數值之後，就會基本上穩定下來，再想提升一點點，也要付出巨大的努力，而且他還會不斷面臨來自新人的挑戰。威廉斯的這個配置層，讓他多了一個選擇，也就是是否揮棒打擊。

當球落在基礎比率沒有優勢的區域時，威廉斯什麼都不做。當球落在基礎比率有優勢的區域時，他就會全神貫注地揮棒打擊。有了配置層，威廉斯其實是在用大腦打球，所以戰勝了靠直覺打球的球員。

偉大的球員需要具備兩種能力：一是強大的運動能力，但能不能打中球還是有運氣成分；二是傑出的決策能力，設計自己的運氣。事實上，我們並非完全被運氣操縱。在很多時候，即便無法改變運氣，你也可以改變運氣的運氣。

巴菲特認為威廉斯的打擊策略與他的投資哲學——等待最佳時機，等待最划算的生意，一旦它們出現就重拳出擊——不謀而合。蒙格說過，巴菲特的錢大部分是從十個機會裡賺來的。蒙格還說過，大多數時候我們就拿著現金坐在那裡什麼事也不做。「我能有今天，靠的是不追逐平庸的機會。」蒙格這樣說道。

我們需要意識到，只有當機會落在基礎比率較高的區域時，它才可能是一個好機會。

總結一下，即使你手中的牌，現在不算太好，你也可以透過資源配置改變運氣的運氣，像蒙格那樣，對平庸的機會說「不」，透過巧妙配置，令自己的運氣最大化。在生活中，我們不僅要專心致志地打好球，還要懂得用大腦計算好運氣的算法。

小知識，大重點 ←

1

人生難料。日子過得糊裡糊塗的我，不知怎麼就在網路上幫人解答人生難題了。有一天，竟然有人請我回答「婆媳矛盾」這類國家級難題。一位朋友問：「我的媽媽和太太在教育孩子時發生了衝突，該怎麼處理？」這類問題倒是有非常明晰的答案，即別讓老人家帶孩子。那位朋友希望我從技術層面提供一些辦法。其實，面對這個難題，他應該採用教練思維，調整場上隊員的組合，而非糾結於球員該如何踢球或怎樣傳球。

2

我們經常說，選擇比努力重要。這裡的「選擇」就是「配置層」，相當於教練，負責排兵布陣；這裡的「努力」指的是「執行層」，相當於球員，負責全力以赴執行任務。

3

本章提到的基礎比率，發生在配置層。工作或者投資的結果是配置層和執行層的綜合作用。說起來，這雖然是一個很簡單的計算，但卻是雙層的。我們可以想像一下，機會從天上落下，經過兩層篩網，掉入我們的碗裡。基礎概率就是隱藏的、容易被忽視的篩網。

4

我在三層模型裡說過，結果＝資源層×配置層×執行層。這三者之間還會相互作用。不管是公司的CEO，還是生活中的個人，要盡量分別從這三個層面思考問題的解決方案。

5

很多人認為賈伯斯是科技天才，其實他並不是。不管是在蘋果公司，還是在皮克斯公司，賈伯斯都只做了三件事：第一，組團隊；第二，盯產品；第三，搶資源。

6

我們必須尊重基礎比率。有人常說：「我命由我不由天。」這句話符合球員精神。如果你是教練，就要尊重常識。你不能說，只要自己拚命努力，就能扭轉婆媳之間的敵對關係。

7

說兩個矛盾的故事。一本傳記裡說，集中營裡最容易死去的是樂觀的人。為什麼呢？他會樂觀地覺得自己在聖誕節就可以走出集中營，結果沒走出去。之後屢受打擊，就是走不出去，於是他崩潰了。我還看到一個真實的故事，也是關於集中營的，一個猶太人活下來的秘密就是天天幻想假如自己出去以後，要到處演講分享自己的故事。這兩者矛盾嗎？並不矛盾。我們在配置層要悲觀，例如，要清醒地意識到，從集中營出去的基礎概率是很低的。我們在執行層必須樂觀，否則很難在艱難的環境中生存。

8 再講講本章開篇那道題背後的故事。我的業餘愛好之一是做題，在小圈子裡以快速解出怪題著稱。那道題是加拿大的一個朋友問的，我幾乎秒答。更讓我高興的是，我正好需要這樣的一個題目來描述「三層概率模型」。

9 成功和金錢是一個很好的世俗指標，但我只是以此吸引你關注底層計算。道理通常是虛無的，而基於計算的思維方式卻很實在。你可以拆掉道理，甚至拆掉道理和公式之間的類比關係。比起表面的道理，我希望你認真思考一下本章開篇那道題。只有這樣，你才有可能以「第一性原理」進行思考。

第十三關・孤獨
獲得好姻緣的算法

姻緣是奇妙的東西，體現了世界的隨機性：即使最理性的人，也可能要靠運氣尋找另一半。

另外，姻緣也體現了人類對於隨機性的適應，例如這一關裡的「馬克士威妖」指出，情侶之間的和諧共處有賴於雙方對「信息熵」的調節。

人是社會動物，我們總會感到孤獨，需要尋找同伴。本章，我會用姻緣問題來舉例，與你探討孤獨——這個人生難題是如何被解決的。

姻緣是指婚姻的緣分，這個詞本身就有「概率」的意思。有句耳熟能詳的話：「千里姻緣一線牽。」所謂「千里姻緣」可以理解為距離遙遠的婚姻緣分，所以出現的概率很低。很多人認為「一線牽」的姻緣是宿命，自己一定要從茫茫人海中找到真命天子或者真命天女。其實，並非如此。

這個世界上真正適合你的人有多少呢？還真有人推算過自己潛在女朋友的數量。英國華威大學數學系講師彼得．巴克斯在〈我為什麼沒有女朋友〉一文中採用「德雷克公式」，推算了潛在女朋友的數量，具體方法如下。

第一，住在我附近的女性有多少？假設有四百萬。
第二，多少人年齡適合呢？假設有20％，那就是八十萬。
第三，多少人是單身呢？假設有一半，還剩四十萬。
第四，多少人有大學文憑？假設有26％，所以是十萬四千人。
第五，這中間又有多少人有魅力呢？算5％吧，有五千兩百人。
第六，這些人當中又有多少人認為我有魅力？也算5％，還有兩百六十人。
第七，那又有多少人有可能和我合得來？假如是10％，那就還剩二十六個人。

也就是說，即便你生活在有四百萬人口的大城市，潛在的符合條件的女性一共也只有二十六個，更別說還有可能沒機會遇到。

你會不會對愛情感到失望甚至絕望？先別失望，這個推算方式的問題在於，它的條件和估算的概率都非常苛刻。如果完全按照上述假設來想，可能真的很難遇到合適的另一半。那我們應該怎麼找到合適的人，解決孤獨難題呢？我給你準備了五步心法，每一步解決一個問題。

第一步，如何找人？

第二步，用什麼心態去找人？

第三步，如何停止尋找，確認目標？

第四步，如何判斷一個人是否適合長期相處？

第五步，如何經營一段長久的關係？

如何找到合適的人？

在「如何找人」這一步，你要做的是擴大樣本量。

美國有個名校畢業的女生計畫快速找到老公，她的做法就是放大「篩孔」，只要有人約她，就不拒絕。她這樣做並不是因為花心，而是想從喝一杯咖啡開始，與更多的人接觸。後來她發現，那些她過去認為壓根沒有約會可能的對象，給自己帶來了許多驚喜。沒過多久，她就結婚了，對方是一個她以前從未考慮過的類型。也就是說，想找到合適的人，一定要從擴大樣本量開始，嘗試跟更多的人接觸，適當保持潛在對象的多樣性與豐富度。

第二步是「用什麼心態去找人」。我教你一個我原創的「三門模型」。請你想像一個有花園的房子，並嘗試用它來形容一個人內心的開放程度：最外面的大門是花園的門，然後是房子的大門，最後是臥室的門。有的人花園大門敞開，但你很難進入房子的大門；這就像是在社交場合上遇到的某個人，表面上看來他很熱情，但你很難與之深交。有人的花園大門緊閉，房子的大門也不輕易向人敞開，可一旦你穿過外層的兩扇門，他恨不得立刻把臥室的門也為你敞開；這類人平時很內向，看起來拒人於千里之外，但別人稍微對他真誠點，他就恨不得把心掏出來。

把「三門模型」做為一個框架，能幫助你評判、理解身邊的人。結合這套模型，我們可以找到「脫單」的正確做法：看好臥室的門，虛掩房子的大門，熱情敞開花園的大門。不要見到心動的異性就敞開心扉，同時也不能太封閉，把最外面的花園大門關得死死的。

第三步是「如何停止尋找，確認目標」，即什麼時候應該停止尋找，把關係定下來。打個比方，當我們遇到一個心動的人時，就像正在掰玉米的猴子，腦海裡會有兩種聲音，十分糾結：一是覺得自己很愛這個玉米，像沒吃過糖的孩子一樣，哭著喊著要愛到海枯石爛，直到永遠；二是不甘心，也許還有更好的。

針對這個問題，有一種「科學」的做法：年輕時多戀愛，不要把遇到的任何人當作人生伴侶，直到你熟悉「戀愛市場」的行情，同時確定了擇偶標準。這個階段過去以後，只要遇到一個達到標準的人，你就應該與之確立關係。

這個階段的基礎比率是多少呢？「最優停止理論」給出了答案——37%。假設你一生可以談十場戀愛，你應該在拒絕前四個戀人的同時，設定戀人的標準。再往後，只要遇到達到標準的對象，你就馬上與之結婚。

順著「37%最優停止理論」來說，人們應該在年輕時多戀愛，低成本試錯，形成一定的樣本基數，對愛情形成基本了解。等到你的心態成熟之後，只要約會對象符合你的標準，就馬上與之確立關係，見好就收。

有些乖孩子從小被教育——戀愛就是朝向結婚去的，其實這種教育有些局限，這相當於鼓勵年輕人「要胡就胡一把大的」。在這種思路下確立的婚姻，很難應對這個充滿不確定性的複雜世界，長久來看，其成功的概率極低。

如何經營長期關係？

第四步，如何判斷一個人是否適合長期相處。我的心法叫作「口厭感」原理。

什麼叫口厭感呢？拿可口可樂來說，我們且不討論它是否健康，而要關注它的一個特點——可口可樂幾乎沒有什麼味覺殘留。你今天喝完一瓶可口可樂，明天再喝也不會覺得膩。可樂的「口厭感」很低，只有這樣，你才可能天天喝，它也因此成為高頻率消費產品。

兩個人過日子，那可是「超高頻率消費」，幾乎分分秒秒都在一起。這時，「口厭感」低就比「口感驚豔」重要得多。那些讓你驚豔的酒精飲品，或者某種果汁，你在第一次喝的時候覺得非常好，可能會想：「我要是天天都能喝，那多好啊。」但是，如果真讓你多喝幾杯，你就會受不了。

能讓你多喝一些的決定性因素，不是好喝的峰值有多高，而是味覺殘留的峰值有多低。看一段關係，也是這個道理。

最後我們來討論第五步——如何經營一段長久的關係，即我們該如何與對方長期相處。

一開始，兩個人的關係會特別好，但時間一長，會出現各種各樣的問題，兩個人的關係會越來越混亂。

這很像物理學的熵增原理。熵是德國物理學家魯道夫·克勞修斯用來形容分子運動無序狀態的一個概念，從有序到無序就是一個不斷熵增的過程。

你可能會問：「熵增原理在什麼情況下有可能失效？這種混亂的狀態有沒有可能得到控制呢？」

英國物理學家詹姆士·馬克士威做了一個名為「馬克士威妖」的思想實驗。他設想了這樣一種情況：一個熵增很大的密閉系統中間被一塊隔板阻斷，隔板上有一個小閥門，馬克士威想像有一個小妖把守著閥門，觀察兩側分子的運動速度。

當看到右邊的高速分子靠近閥門時，它就讓高速分子進入左邊；當看到左邊低速分子靠近閥門時，它也讓低速分子進入右邊。假設閥門沒有摩擦，經過一段時間之後，左邊就會有越來越多的高速分子，也會越變越熱；右邊會有更多的低速分子，變得越來越冷。於是一隻小妖看似無須做額外的工作，就可以降低整個容器的熵。

這個模型挑戰了熱力學上的熵增原理，因為馬克士威妖讓空間內原本應該增加的混亂程度降低了。事實真的是如此嗎？

一九二九年，物理學家利奧．西拉德發現，馬克士威妖若要控制開關，它雖然不做什麼事，但它必須獲得信息，而信息獲取本身就需要熱量。也就是說，馬克士威妖把信息轉化成了熱量，增加了整個密閉系統的信息熵，總的熵並沒有減少，熵增原理依然成立。

在親密關係裡面，你也需要一個能夠做信息判斷的馬克士威妖。

換句話說，透過長時間相處，你要能判斷對方在某個時間點的狀態，並根據狀態進行相應調整。如果對方很堅決，出於穩定，你就要把自己調整得隨和一點；如果對方現在很沒主見，你就最好把自己調節得堅定一點。如果在一段關係中，雙方能自如地進行上述調節，就會形成默契。

因此，我認為雙方在一段理想的關係中，最好能形成一種「十字鎖扣」的結構。也就是說，一個外柔內剛的人遇到一個外剛內柔的人。你強硬的時候，我柔和；你內向的時候，我外向。相互調節，問題總會有解，這樣的婚姻也就更長久。

小知識，大重點←

1

愛真的存在嗎？按照理查．道金斯在《自私的基因》一書裡的理論，一切都是「基因為達到生存的目的而不擇手段」的結果，人性世界的各種美好醜惡，其實毫無意義，生存完全是一種偶然的結果。就像錢鍾書借方鴻漸之口說的：「世間哪有什麼愛情，壓根就是生殖衝動！」

2

那麼，愛是「迷因」之一種嗎？道金斯又創造了「文化基因」這個概念，他用這個虛擬的複製因子解釋文化，以及文化的複製與傳播。

3

不妨說，愛是基因與迷因的交織地帶。因此，愛意味著理性與感性的交織，動物屬性與社會屬性的交織。這個世界上最有錢的人說，其實幸福來自你身邊有多少人愛你。總之，在對抗虛無和荒誕這方面，愛無可替代。

4

幸福的愛是無法被設計的。因為愛是一種權利，所以，愛既不應該淪為名利的籌碼，也不應該被過度神化。你會發現，那些把愛說得十分神聖的人，反而更待價而沽。婚姻的貨幣化，其實是可悲的。

5

「三門理論」背後的故事。一次聚會，兩個朋友互相說對方更風騷。我用這個理論一錘定音，頗有星座學的簡潔和玄妙。結果，兩人各領其騷。

6

馬克士威妖，不只是用於說「愛需要經營」。愛的馬克士威妖，在「十字鎖扣」的靜態結構上，繼續發展出動態模型，試問何處還有比這更精妙的情感模型？

7

當然，會飛的鳥並不懂得飛行公式，所以好白菜都被豬拱了，好男人都被傻白甜騙走了。

愛的隨機性和多元化，雖然看起來不可理喻，其實是有利於人類的，也可以說是有利於基因的。

8 儘管如此，如果懂點姻緣算法，那麼與「豬」和「傻白甜」競爭時，就能提升獲勝的概率。愛情算法的應用，在很多方面和財富算法一致：我們要做的不是追求最好的，而是避免最差的。

9 富蘭克林說：「婚前睜大眼，婚後閉隻眼。」對於男人來說，這句話不能全信，也不能全不信。對於女人，這是個謎，我也不太懂。

10 總之，對於桃花運，別太任性，那樣很幼稚；也別太心機，那樣很可憐。

第十四關・爆倉
為什麼絕頂聰明的人也會破產？

在塔雷伯的字典裡，遍歷性是指一群人在同一時間的統計特性（尤其是期望）和一個人在其全部時間的統計特性一致，集合概率接近時間概率。如果沒有遍歷性，那麼觀測到的統計特性就不能應用於某個交易策略，如果應用，就會觸發「爆倉」風險（系統內存在「吸收壁」或「爆倉點」）。換句話說，如果沒有遍歷性，統計特性（也就是概率，以及對應的「概率權」）不可持續。

遍歷性和概率權，這兩個與概率相關的概念結合在一起，告訴我們在危機時刻應該做的兩件事。

第一，別出局：活著比什麼都強；要賺錢，你首先得活得長。

第二，別旁觀：不要浪費危機；參與其中，但不是簡單抄底。

上一章，我們講了應對孤獨的姻緣算法，教你如何找到一個人，建立長久的關係。在某種程度上，有了關係，我們的人生就有了軟肋。那就格外需要本章論述的思維模式，防止這根軟肋被現實打斷。

我們先來玩一個拋硬幣的遊戲：正面你贏，反面我贏。遊戲規則是：你每次必須押上自己的全部籌碼，也就是All in。比如，你的全部籌碼是一萬元，這裡的初始本金就要有一個上限。假如拋硬幣的結果是正面，你贏，我就給你兩萬元。假如是反面，你輸，但你只需賠給我一萬元。這場賭注有一個特殊規則，即你不僅每次都要押進全部籌碼，而且只要你有錢，就不能停止這個遊戲。

乍一聽，也許你會覺得，哪裡會有這種好事？根據概率計算期望值，你贏的可能性是50%，輸的可能性也是50%，算下來每一局的期望值是五千元（20000元×50%-10000元×50%）。從概率的角度看，這是一場你非常有概率優勢的遊戲。

但是冷靜下來一想，這個遊戲不能停，不管你贏多少回，理論上，只要我有足夠多的錢應付你可能的連勝，這個遊戲的結果必然是你的本金歸零。

你或許認為：「這個遊戲機制不合理，我為什麼要All in呢？」但在現實生活中，這樣的問題總在我們身邊反覆發生。我們看到很多人做投資All in、做生意All in，即便在感情中也是如此。只要嘗到All in的甜頭，就會變得一發而不可收拾——會一直追求利益最大化，想占盡好處，甚至加大槓桿，借債進行投資。

在這種情況下，只要「爆」一次，你就會徹底爆倉。即使你一直在做大概率會成功的事，如果總是All in，早晚有一天你會失敗。這個莊家就是現實世界，你很有可能就是All in的賭徒。

既然如此，我認為「防爆思維」應該排在所有財富思維的第一位。每個厲害的投資人都有自己賺錢的法則，不過那些法則都是排在第二位、第三位的。因為只有不爆倉，你才有繼續玩下去的本錢，最厲害的聰明人如果不牢記這一條，也可能隨時出局。

為什麼長期資本管理公司會爆倉？

我要跟你講的這個故事的主角，是美國長期資本管理公司（LTCM），這家公司的掌門人約翰．梅韋瑟被譽為華爾街債券套利之父。不僅如此，公司團隊還包括兩位諾貝爾經濟學獎得主、美國財政部前副部長及美國聯邦儲備銀行前副主席、所羅門兄弟債券交易部主管等。強者不勝枚舉，可謂一支夢幻團隊。

一九九四年，LTCM成立之初就募集了十二．五億美元。其開始幾年的投資回報率分別是28.5%、42.8%、40.8%、17%，這可是相當輝煌的成績。

這家公司賺錢的秘訣究竟是什麼呢？這些絕頂聰明的人把金融數據、電腦和數學模型結合在一起，進行「市場中性套利」。也就是，買入被低估的有價證券，賣出被高估的有價證券。用他們的話說，基金的每一筆交易賺的都是很小的差價，就好像用吸塵器在別人看不到的角落裡吸硬幣。當交易達到一定的數量時，累計收益就大了，而且風險波動極小。LTCM寧願賺風險極低的一美分，也不願賭充滿不確定性的一美元。畢竟都是老江湖，他們的風險意識相當強。

他們賺大錢的秘密在於：別看一枚硬幣不值錢，加上槓桿就能放大幾千倍。經歷過股災的人都知道槓桿的風險極高，但LTCM團隊裡的諾貝爾獎得主可不是簡單的：他們坦言基金也有風險，並詳細計算了發生虧損的概率，但虧損的概率不高。總之，一切盡在掌握之中，除非出現百年一遇的極小概率事件。

然而，即便這套看似可靠的模型受到這麼多聰明人看護，極小概率的風險還是發生了。一九九八年八月，俄羅斯爆發債務危機，市場劇烈波動，LTCM因此爆倉，公司沒過多久就到了破產邊緣。

這麼龐大的基金，為什麼說垮就垮了呢？著名投資人愛德華·索普在他的傳記裡對LTCM的案例進行了檢討。

LTCM的投資者的年回報率在30％到40％，但這基於巨大的槓桿效應，據說這些槓桿率經常在300%到10000%。LTCM要想在市場上有競爭力的話，就必須要加大槓桿。如果不這麼做，回報率連1％都不到。

因為槓桿巨大，所以它的多頭和空頭金額達到數千億美元，倉位極重，也就是把太多的錢放入市場。當遇上百年一遇的風險時，槓桿效應反過來也放大了衝擊力，幾乎將公司資金平倉，它在數週內損失90%的資金，差不多徹底破產。由於它的資金體量「大到不能倒」，美國聯邦儲備銀行發起了救援行動。在清算後，投資者只收回了小部分本金。

開始那幾年它的表現那麼好，怎麼一夜之間就不行了？問題出在哪裡呢？巴菲特一語道破真相：「我們來打個比方，假設給你一把槍，裡面能裝一千發子彈，但只有一發是致命的。把槍對準你的太陽穴，扣一下扳機，你想要多少錢？一千萬、一億、十億？」給多少錢都不行。這個時候，就不能算概率和期望值了。萬一碰到那顆足以致命的子彈，多少錢都是白搭。

LTCM玩的其實就是這種遊戲。因為它用了非常大的槓桿，雖然計算周密，但其實是在拿命賭博。萬分之一是極小的概率，可一旦發生，就會致命。LTCM的夢幻團隊裡的大多數聰明人因為過於自信，幾乎把整個身家投入基金，結果差不多賠光了。

巴菲特對這件事感到不可思議，他說：「為了得到對自己不重要的東西，甘願拿對自己不能失去的東西去冒險，哪能這麼做？」

索羅斯的生存法則

投資大師索羅斯從父親那裡學到了三條生存法則：

第一，冒險不算什麼；

第二，在冒險的時候，不要拿全部家當下注；

第三，做好及時撤退的準備。

一九八七年，索羅斯判斷日本股市即將崩潰，而美國股市可能繼續上漲，於是他一邊在東京做空，一邊在紐約做多。結果他兩邊全押錯了，美股一天下跌22.6%，日本股市因為政府撐住市場，反而沒跌。兩頭潰敗的索羅斯毫不猶豫地斬倉，全線撤退。雖然賠光了全年的利潤，但他保住了本。五年後，也就是一九九二年，索羅斯大舉衝擊英鎊，一下子賺了二十億美元。

只要能保本，你就有機會再贏。但是如果你爆掉了，想殺回來，會相當艱難。投資最大的秘訣就是活下來，不是勝者為王，而是「剩者為王」。這個世界上最聰明的人會告訴你，與其追逐獲取財富，不如採用逆向思考，力求做到「不爆掉」，這麼做難度更小，實現財富和幸福的確定性更高。因此，我認為防爆思維應排在財富思維的第一位。不管多麼大的誘惑擺在你面前，你都要想一下，爆掉的可能性有多大。

年輕人應該賭嗎？

對於每個個體而言，具體應該怎麼做呢？

永遠不要追求一夜暴富。面對賺錢的機會，永遠問自己兩個問題：「天上為什麼會掉餡餅？餡餅為什麼會砸在我的頭上？」

防爆思維不僅能運用於資產方面，還有很多運用維度：你要讓自己健康，避免讓身體爆掉，那就不要吸菸、酗酒，記得繫安全帶；你要讓自己清醒，避免讓精神世界爆掉，就要保持自己的判斷力，不盲從盲信；除了控制自己，你還要避免被其他「危險分子」炸到，遠離那些習慣All in的人，不管他看起來多聰明。

講了這麼多，你可能內心還有點疑惑，難道年輕人不該搏一下嗎？沒錯，華爾街那幫「壞蛋」為了多賺一點，而虧掉自己幾億美元的本錢，的確很蠢。但是如果我的口袋裡本來就沒什麼錢，不搏一下，又怎麼有機會呢？

我認為還是不應該那樣做。搏擊和博彩是兩回事，拚搏和搏命也是兩回事。

年輕人尤其不應該賭，原因有以下四個。

第一，你並不是一無所有，你的時間、機會、創新活力，其實都是讓人羨慕的本錢。關鍵在於「正期望值」，也就是你對自己的未來充滿信心。

第二，你要知道，所有的偉大都源於一個微不足道的開始。哪怕你現在的錢很少，但它們也是未來財務自由的種子。

第三，賭會上癮，如果總是輸，連自暴自棄也會上癮。行為習慣會融入血液，最終鑄成命運。到那一天，你就真的成了「職業韭菜」。

第四，別陷入「稀罕」的泥潭。窮人思維因為稀罕而顯得短視。前面提及，窮人思維會讓你打折甩賣自己的概率權和時間權。

總結一下，我們經常看到一些文章說：「要想成功，必須All in。」但是切記，All in的應該是一個人的激情、專注、專業，而非自己的全部資產，或者汽車和房子。這就是關於財富的第一準則——防止爆掉。

小知識，大重點 ←

1 我們可能忽略了一個事實，我們這一代人正在經歷人類歷史上十分罕見、已長達四十年的經濟高速增長。

2 我們會漠視驚人的超級運氣，而放大成功者的無所不能。在過去這些年，的確是膽子大的人通吃，欲望和冒險沒有上限，屢屢得手。

3 進而，成王敗寇的文化聚焦於有偏差的倖存者，全民都以商界英雄為偶像。偶像倒下了，就找一個新的偶像。

4 四十年的好運氣，讓我們這一代人幾乎沒遇到像樣的經濟危機，也沒有經歷一個完整的經濟週期。

5 概括而言，我們的父輩從來不懂什麼叫賺錢，我們這一代完全不懂什麼叫虧錢。於是，我們的基因裡壓根就沒有風險這個詞，對財富也只是一知半解，不像猶太人那樣經歷了很多世代的洗禮和傳承。

6 開篇的拋硬幣遊戲，看起來荒唐，但你想想近兩年來那些越來越多的爆倉案例，它們幾乎和拋硬幣如出一轍。

7 這是我喜歡用可計算的概率遊戲隱喻人生難題的原因，既生動，又精確。

8 控制風險，不僅要懂得凱利公式，還要屏棄全民暴富心理。比智商稅更狠的是發財稅，職業「韭菜們」繳的就是「發財夢稅」。

9

出人頭地仍然會是未來我們的主要價值取向，但我們必須意識到，發財越來越難了。客觀面對這一點，有利於我們用更現實的方式累積財富。

10

遠離爛人，別想著撿便宜，不要追求一夜暴富。你沒有義務非要當馬雲。

第十五關・迷信

科學不過是階段性正確

科學和迷信的分界點是，科學願意承認「我錯了」。科學綜合了看似對立的「懷疑」和「追求」。擁有科學精神的人，懷疑現在的答案只是暫時正確的，勇於追尋新的答案，還允許別人推翻自己的新答案。

我們都知道「迷信」是一個貶義詞，但大多數人平日裡還是會聊一點星座、風水、命數。這也無可厚非，因為歸根結柢，人類的大腦喜歡迷信。諸如五行、風水，給人提供的最大價值其實就是一套自圓其說的解釋。

人太討厭不確定性了，所以只要有一套確定性的解釋，就能重拾自信，走出對未知的恐懼。這時，也顧不上這套說辭是否正確、因果關係是否成立、論證過程是否科學了。

我發現，即便是受過良好教育的人，也特別容易陷入迷信，以下三類人尤其突出。

第一，每天都要跟數字打交道的人，並且他們所在領域的數據又非常不充分，比如博彩和證券行業。

第二，競技者，他們要面對高度不可預測的競爭環境，所以球員和棋手中很多人都有點迷信（比如穿特定顏色的衣服參加比賽）。

第三，做生意的人和管理者，他們對生活的控制欲比一般人要強，面對不確定性，他們的忍耐力反而更低，也更容易陷入迷信。比如中國很多經商的人相信風水，他們會借助一套信念系統，保持一切盡在掌握的感覺，讓自己和身邊的人充滿信心。

其實，這些迷信行為，不僅毫無益處，還會讓人們無法理性、科學地解決問題。那麼，我們該如何避免掉進迷信的陷阱呢？我給你的應對方法是，真正理解科學思維，並且把它應用到生活中。

科學思維

哲學家卡爾．波普認為世界上只有兩類理論：一類是已被證偽的理論，也就是經過檢驗，並以適當的方法予以駁斥，已知為錯誤的理論；一類是現在還沒被證偽，但將來有可能被證明是錯誤的理論。這兩點也引出了對科學精神的兩個關鍵理解：第一，科學的可證偽性；第二，科學的階段性正確。

關於可證偽性，波普認為它是科學不可缺少的特徵，凡是不可能被經驗證偽的命題，例如迷信、占星術等，都屬於非科學領域。我們可以透過一道有趣的題目進一步理解可證偽性。

桌上放著四張卡片，分別寫著「1」、「2」、「3」、「4」這四個阿拉伯數字。卡片後面也有數字，但是現在看不見。現在有人說：「寫著『1』的卡片背面都寫著『2』。」請問：你最少要把幾張卡片翻開，才能驗證這個說法是否準確呢？

答案是，最少三張。

你可能會問：「為什麼是三張呢？翻開寫著『1』的那張卡片看看不就行了嗎？」

首先，你要翻開「1」並確認其背後是不是「2」。其次，你要翻開「3」、「4」並確認它們背後不是「1」。如果它們背後也是「1」，那麼「1」的背後就不都是「2」了，也有其他數字。只有當這三張牌都符合要求時，這個說法才成立。至於「2」就不用翻了，因為「2」背後如果是「1」，那這個說法就成立；如果不是「1」，也不影響這個說法的準確性。

如果採用正向思維，這道題是很難得出正確答案的。我知道了「1」後面寫了「2」，並不代表其他卡片後面沒有「1」，只要「3」或者「4」後面有「1」，這句話就不成立了。但如果反過來，從證偽的角度想，你要考慮寫著「3」和「4」的這兩張卡片有沒有可能讓這句話變成錯的。如果把所有可能是錯誤的情況都驗證之後，還不能證明這個說法是錯的，那我們才可以暫時認定它是正確的。

階段性正確

為什麼是暫時正確？這引出了我們對科學精神的第二個關鍵理解。科學家認為，真理不過是「在某個階段正確」而已。

在牛頓物理學時代，人們普遍認為世界具有確定性，可以被數學方程式精確計算。只要知道某個物理世界的初始數值，我們就可以算出之後發生的一切。宇宙中不存在不確定性，一切皆可預知。因此，有人把牛頓時代的宇宙觀稱為「鐘錶宇宙」，即宇宙是像鐘錶那樣精確運行的。

到十九世紀末，這個「上發條的宇宙」就被數學家亨利．龐加萊敲開了一條裂縫。他發現太陽、地球和月亮這三個天體的運動就不可精確求解；對於混沌系統來說，但凡一個物體的初始位置有微小的變動，之後的狀態就可能產生巨大的差異。繼而人類在看得見的問題中發現了不可被計算、被預測的問題。

進入二十世紀，量子機制取代了牛頓的物質觀，人類發現了原子和分子層面的不確定性。儘管這個發現很難被直觀體驗，但認知的變化仍然深刻地改變了我們的現實世界。

人類眼中的宇宙開始變得不確定起來，充滿了隨機性和偶然性。牛頓時代那個穩定的「鐘錶宇宙」被證明只是在「某個階段正確」而已。這是不是意味著物理學這門極精確的學科已經退化成「只能計算事件的概率，而不能精確地預言究竟將要發生什麼」了呢？

物理學家理查．費曼說：「是的！這是一個退卻！但事情本身就是這樣的，自然界允許我們計算的只是概率，不過科學並沒有就此垮台。」諾貝爾物理學獎得主維爾納．海森堡同樣表示：「物理學並不描述自然，它只是反映我們對自然的認知。」

這句話其實是想說，人類對世界的認知和真相並不一樣。現有的知識只是人類對世界的認知，它永遠是存在局限的，是暫時的。大多數時候，我們要和未知的不確定性共存。在這種情況下，科學思維其實就是我們認識世界的一種底層方式。

兩大突破

科學思維在今天有什麼特殊價值呢？

現在懂得運用科學思維的人其實享受了這個時代最大的一個紅利。放在過去，抱持科學精神，運用科學思維做實驗、試錯，可能太慢了，也太笨了。但在今天，信息時代建立了快速的試錯機制，我們可以透過各種各樣的方法，從真實世界快速獲得反饋。這實際上會帶來兩個巨大的突破。

其一，人類或人工智慧探索新知識的速度加快了。在科學思維的指導下，一個新生事物的誕生過程是產生假設、驗證、放棄或完善。科學家可能需要花費畢生精力，提出或驗證幾百個假設，但機器學習系統卻能在一秒鐘內做完這些計算。可以說，前沿領域的科學發現實現了自動化。《大演算》一書具體地指出：「機器學習是『打了類固醇』的科學方法。」隨著人工智慧轉移至材料科學、生物科學這些領域，這種「打激素」的科學方法極有可能帶來巨大的突破。

其二，人類把知識應用於實踐的速度大大加快了。可以發現，正在崛起的新一代富豪，很多人都是「既懂商業，又懂科學」，他們能以最快的速度把知識轉化成現實世界的價值。

在某種意義上，矽谷的勝利就是「商業＋科學精神」的勝利。矽谷不僅擁有大量應用於商業的前沿技術，矽谷人更是把科學精神應用到日常工作中。矽谷人的兩個特點就是大膽試錯和快速迭代。

大膽試錯是從科學思維的可證偽性出發，不斷驗證錯的情況。快速迭代則是意識到科學思維中的「階段性正確」，只有快速迭代自身，才能跟上世界變化的步伐。

很多矽谷科技公司的崛起，也是科學企業家，或者企業科學家的崛起。用科學思維經營和管理企業的人比以往任何一個年代的人都要強大。

科學思維的應用讓矽谷的公司快速成長，也讓矽谷模式在世界範圍內被學習。矽谷的科學精神給全世界的商業管理貢獻了新思路。

對於每個普通人來說，最重要的是追求科學精神，學習科學方法，擁有科學思維，這些在我們的血液裡是稀罕的。

費曼說過：「科學家是探險者，而哲學家是觀光客。」我們先不說這位科學頑童對哲學家的調侃。但是，我們在學習知識時，的確應努力做一名探險者，勇敢地投身其中，大膽假設、積極驗證、主動證偽，而不是流於表面，滿足於概念，只當一個知識的觀光客。

小知識，大重點 ←

1. 這個時代的商界贏家，越來越多是「科學企業家」。

2. 「人生算法」的主線之一，就是科學思維：上半場的個人精益創業戰略是科學試驗的方法；下半場的概率思維是量子時代的科學思維。

3. 我一直強調個人認知的提升是切割鑽石，而非知識集郵。所謂切割鑽石，就是證偽。

4. 科學進步的副產品是允許人們可以用科學來反科學，但我們千萬別掉進坑裡。

5

在美國，占星師的數量是天文學家的二十倍。

6

我們可以有信仰，可以有個人的神秘主義體驗，但是在物理世界，我們要堅定地站在牛頓和愛因斯坦的公式那一邊。

7

別信秘方、秘訣，假如它們真的有效，早就不「秘」了。

8

人生算法講的是可計算概率的運氣，其實是生活化的科學。

9

我們要尊重常識，相信科學，掌握科學思維，遠離神秘主義和裝神弄鬼。

第十六關・無知
心法加算法的雙重智慧

「在科學與人文之間，以及所謂的硬科學（例如物理）與人文學科（例如社會學）之間，存在脫節……我一直以來對這個脫節的根源感興趣。」諾貝爾獎得主傑拉爾德・埃德爾曼在《第二自然》一書中，試圖探究人類意識之謎，進而闡釋我們如何得以理解世界和理解自己。

他提及，從培根和笛卡兒直到現代，存在一條思想主線，試圖建立科學、自然和人文的統一思想體系。

我在本章是從世俗的層面探究算法和心法之間的邊界與關聯。這個話題的最佳利益點應該落在教育上。科技與人文的割裂，既阻礙了科技，又抑制了人文。我們迫切需要反功利的通識教育。

我們在上一章聊了聊科學思維。它是一種嚴謹的思維方式，是人類探索未知世界的方法，讓人類的知識之樹開花結果。但這個世界上還有大量尚未被科學祛魅、人類尚且無解的問題，應該如何看待這些未解之謎呢？

在本章我們要討論人類在探索未知世界時的另一種思維方式——人文思維。如果說科學的成果為人類生活帶來了巨大改變，解決了物質生活問題，那麼人文則為社會秩序打下了基礎，並滿足了精神生活需求。科學思維和人文思維是我們探索未知世界的兩個輪子。

我們知道人文與科學素來密不可分——藝術帶給科學想像力，哲學又帶給科學思辨力。在很多時候，科學的變革離不開觀念的變革，這些都是人文帶給科學的養分。

然而，我們的教育體系還是習慣於區分文科、理科。從歷史的角度看，「文」與「理」在中國常常呈現一種相互較勁的狀態：從過去的「重文輕理」到追求「學好數理化，走遍天下都不怕」；如今，理科生和文科生「水火難容」，兩個學科也呈現一種此消彼長的關係。

科學以及教育體系裡的理科，解決的是可計算的問題，我們姑且概括地稱之為「算法」。人文以及教育體系裡的文科，解決的是不可計算的問題，我們也姑且概括地稱之為「心法」。要我說，現實世界中真正厲害的人，都是兼顧算法和心法的「混合算法」高手。

混合算法的威力

我想先考考你，你知道祖克柏的專業科系是什麼嗎？

人們都知道祖克柏是哈佛大學電腦科系的輟學生，事實上，他同時修習了心理學。美國聯邦儲備銀行前任主席艾倫．葛林斯潘曾經說過：「所謂新經濟就是心理學。」接受過心理學訓練的祖克柏就像掌握了網際網路的心法，這讓他的事業如虎添翼。

特斯拉CEO伊隆．馬斯克本科畢業於賓夕法尼亞大學，取得了經濟學和物理學雙學位。

人們都覺得賈伯斯是一位人文大師，但卻忘記了他小時候是一個無線電愛好者。他曾經給HP的創始人打電話，向其索要電子零件。蘋果公司之所以能站在科技和人文的交叉路口，一定程度上是因為少年時代的賈伯斯就已經這麼做了。

厲害的人物是這樣，厲害的公司也是如此。這些年來，很多大公司都開始認真談論願景和文化。馬雲讀本科時的科系是外語。他創立的商業帝國阿里巴巴一直強調價值觀，也就是「心法」；之後又猛攻技術，形成「算法」優勢。相反，很多公司原本在技術上遙遙領先，稱得上是「算法」驅動，卻因為缺乏「心法」，在企業文化方面敗下陣來，結果越來越落後。

不管是對個人，還是對公司而言，算法與心法缺一不可。如果我們探索科學和人文的源頭，探討算法與心法的關係，會發現一個秘密——它們的底層是相通的。曾榮獲諾貝爾獎的生物學家埃德爾曼說：「科學是由可驗證的真理支撐的想像。當然，它的終極力量在於理解，並且正如我們看到的，它在技術上的成就讓人震驚。但是科學想像力的大腦源頭，與詩、音樂或倫理體系的建立所必需的沒有區別。因此，在科學和人文之間的背離是沒有必要的。」

多倫多暴龍隊的逆襲

高手既擅長算法，又精通心法。更重要的是，他們能夠混合使用算法和心法，但又不會將兩者混淆。我們來看一個在現實中運用算法和心法獲勝的例子。

二〇一九年六月，多倫多暴龍隊拿下NBA總決賽冠軍。說起來有點奇怪，這支球隊不在美國，而是在加拿大的多倫多，一九九五年才成立。而且加拿大的國球是冰上曲棍球，籃球基礎遠不如美國。在「先天不足」的情況下，多倫多暴龍隊是如何戰勝強手，奪得NBA總冠軍的呢？它獲勝的錦囊妙計就是「算法+心法」。

我要向你介紹一個關鍵人物，他叫馬賽．尤基利。二〇一三年，他與多倫多暴龍隊簽訂了一份為期五年，薪酬高達一千五百萬美元的合約，並被任命為球隊總經理。尤基利先從「心法」入手，提出「We the North」的口號。有人把這句話譯為「北境同心」，非常鼓舞人心。

為了讓這個口號凝聚更多的加拿大球迷，多倫多暴龍隊找到了加拿大出身的美國饒舌天王德雷克錄製饒舌歌曲〈We the North〉。德雷克身穿印有「We the North」字樣的T恤坐在球場邊觀賽，帶來了不少球迷。

原先，多倫多暴龍隊做為唯一來自美國境外的NBA球隊，在地域上充滿了劣勢。而「We the North」這個口號出奇制勝，激發了球迷對所在地的認同，完全扭轉了多倫多暴龍隊的形象。不到三年，「We the North」不僅成為北美體育公認最成功的口號之一，而且也成為流行文化符號與體育結合的典範。

有了「心法」，得到了球迷的支持，但這還遠遠不夠，多倫多暴龍隊還需要實打實的「算法」，也就是籃球領域的專業較量。

尤基利建立起了以凱爾．洛瑞和德瑪爾．德羅展兩個後衛為中心的多倫多暴龍隊，後來又透過一系列調兵遣將，用德羅展交易換得雷納德和丹尼．格林，並引進小加索，形成了「防守穩固，進攻明確」的優勢打法。就這樣，在二〇一八到二〇一九賽季，多倫多暴龍隊以總比分四比二擊敗金州勇士隊，成為NBA歷史上首支奪得總冠軍的加拿大球隊。

可以想像的是，少了心法和算法中的任何一項，多倫多暴龍隊都很難創造奇蹟。

Netflix的心法和算法

無論是經營企業、體育競技，還是個人成長，運用好算法和心法都是成功的關鍵。

我們來看一家混合運用心法和算法的串流媒體公司——Netflix。它是全球增長最快的公司，以出租電影光碟起家，後來轉型做串流媒體，直到最近幾年才開始生產內容。從這三個階段來看，它就像三家完全不同的公司，而且不管在哪個領域都做得非常好。二〇一八年，Netflix的市值已經超過一千五百億美元，成為全世界市值最高的媒體公司之一。

這家公司以注重算法著稱：Netflix曾花費四年時間，打造精細化的影片編碼壓縮算法，為用戶節省20%的頻寬，這既保證了畫面品質，又提高了播放流暢度。Netflix還利用算法和大數據預測用戶的喜好，在此基礎上拍攝了《紙牌屋》等熱銷劇集，帶來了付費用戶的高速增長。

當然，讓Netflix取得巨大成功的，除了算法，還有心法。

Netflix曾發布一份介紹企業文化的幻燈片文件，累計下載次數超過一千五百萬，被臉書首席營運官雪柔．桑德伯格稱為「矽谷最重要的文件」。Netflix前首席人資珮蒂．麥寇德對這份文件做了詳細解讀，並寫就了《給力》這本書。書中，麥寇德討論了Netflix核心的文化準則，「不看同行都在做什麼，只關心Netflix的用戶未來需要什麼」。從中我們可以發現，「Netflix文化」做為公司的秘密武器，其價值絕不亞於算法的貢獻。

當下我們正處在一場超級變革的前夕，以AI為代表的算法在突飛猛進的同時，也帶來了倫理道德這些人文領域的難題。人們普遍的顧慮是，如果AI在智慧方面超越人類並發展出自己的意志，將會帶來無法預測的危機。比如在圍棋領域，在阿爾法圍棋之後，AI以強大的計算能力將圍棋領域的「心法」一腳踢了出去，半點都不需要了。人類之前的所謂「圍棋靈性」，被證明是一個相對低級的黑盒子而已。

現在的AI不僅下圍棋很厲害，還在其他領域頻頻攻城掠地。比如，在醫療領域，AI看X光片的速度和準確率已經遠超過醫師。在算法大舉進軍的局勢下，人類特有的「心法」在未來還有用武之地嗎？

其實，李開復回答過這個問題：「有兩個工作是人工智慧無法取代的，一個是創造力，一個是同情心。因此，機器人無法成為我們的老師、醫師或護士。」現在AI在智慧助理方面還很幼稚，醫師治病也遠不是只看X光片那麼簡單，更多的問題還需要依靠醫師的經驗。

展望未來五十年，人工智慧將給人類帶來前所未有的顛覆，科學將產生超乎我們想像的力量。這個階段，我們尤其需要人文的守護。機器的算法和人類的心法將攜手令我們的未來更值得期待。

至於在提升個人競爭力的層面，我們必須突破界限，兼顧算法和心法。具體而言，不僅要發展解決「可計算問題」的能力，找到自己可重複的「算法」；還要發展自己解決「不可計算問題」的能力，發展自己的「心法」。當你成為混合算法的高手時，就擁有了理解這個未知世界的雙重智慧。

小知識，大重點 ←

1

「培養會拉小提琴的愛因斯坦」可以做為某類教育的隱形目標，假如我們打算像日本那樣制定一個諾貝爾獎計畫。

2

愛因斯坦喜歡莫扎特。愛因斯坦思考問題時並不依賴文字，也就是說他先運用想像力，然後用文字將其表述出來。他的想像力是否依賴旋律？我認為是的。

3

但是在「計算極端主義分子」的眼中，所謂信念、思考、動機全可以計算。他們認為有一天AI能輕鬆模仿巴哈和莫札特。不過我相信那一天，人類會發明另外一種藝術來證明自己的靈性，除非有一天AI破解了「自我意識」之謎。

4

「哪有什麼愛情，壓根就是生殖衝動。」這是把人類那些不可計算的行為歸為基於生物學的計算。不過，說出這句話的不是某個生物學家，而是文科生錢鍾書。這是有趣的地方，不管科學如何進步，大腦始終是一個人文的最終解釋者。

5

而在「泛靈論」者看來，萬事萬物皆有意志。詩人因此而有了靈感，這種靈感反過來也啟發了科學家。

6

人文素養是我們教育的短處。我們的文科教育並非人文素養教育。人文素養教育是通識教育的核心。實用主義的教育，放棄通識，其實就是放棄未來。我們需要有一些「吃飽了撐著」的精神，做一些「吃飽了撐著」的事情。

7

我們尤其缺乏那些有專業深度的通才。以人文素養為核心的通識教育，是「T」字形人才的一橫。未來有競爭力的人才，必須具備基於專業的跨界能力。

8 有科學，沒人文，就是「有知識，沒文化」；有人文，沒科學，就是「有文化，沒常識」。

9 進而，社會、家庭、個人的幸福感都依賴人文的滋養。

10 我堅信自己在有生之年會遇到一次科技的指數級飛躍。那時，人們將前所未有地自問：「我是誰？要去哪裡？」

第十七關・衰朽
發現時間的算法

時間和因果性的因緣似乎是人類乃至這個世界的出廠設置。你這一刻正在做的事情似乎決定了緊接著將要發生的事情，即所謂「前因決定後果」。這就是時間構建的因果魔力。

但是，在現實中，有多少因果是真實的，有多少是虛構的？

時間彷彿一直致力於剝奪人們占有萬物的權利。凡人皆有一死。這種公平性在現實中往往會被我們忽略。

一個人不該以他多強大、多聰明、多富有、多性感、多仁慈而被衡量，而應以他燃燒的充分度被衡量。

一簇燭光也和宇宙深處的星光一樣，不該被以亮度評估。火種之間是平等的，這是時間賦予每個人的公平之處。

本章要聊聊人生算法裡非常關鍵的一個變數——時間。我先跟你講一個時間的魔法，它是電影《出神入化》中的情節。魔術師讓一個人選了一張牌，並在上面簽名，然後「嗖」地一下把牌變沒了。接下來，驚人的一幕出現了，在眾目睽睽之下，魔術師從一棵至少長了幾十年的大樹的樹幹裡把那張牌挖了出來。牌怎麼會長到樹裡去呢？原來，在十八年前，也就是魔術師只有十四歲的時候，他就把同一個人簽了名的牌藏進了那棵樹的樹洞裡。歷經多年，那張牌就長到樹裡去了。魔術神奇的效果因為時間而形成，也因為時間而震撼人心。

時間的機制

人世間幾乎所有的奇蹟都和時間有關，時間的重要性不言而喻。但有意思的是，假如你問一個人時間是什麼，幾乎沒人能說清楚。若你再問：「時間為什麼會自動地朝著一個方向走？」那個人就更答不上來了。時間朝著一個方向走似乎是理所當然的事。

理解時間和我們的人生算法到底有什麼關係呢？事實上，對時間的理解會影響我們做決策的那一刻。提出「決定論的二難推理」的哲學家卡爾．波普認為，人們容易混淆時間和因果的關係。

常識傾向於認為，每一事件總是由之前的某些事件引起的，所以每個事件是可以解釋或預言的。另外，常識又賦予成熟且心智健全的人在兩種可能的行為之間自由選擇的能力。

波普向我們拋出了一個問題：「我們手頭正在做的事，到底能不能改變未來呢？」疑惑的背後昭示著我們對時間的不同理解：兩件事先後發生，到底是因為因果聯繫，還是因為它們恰好呈現了這樣的時間順序？如果兩件事不存在因果聯繫，這一刻你在做的事情還會影響未來嗎？

讓我們帶著這些思考看一看現實世界中時間的底層機制。

時間是線性的，它沿著一個方向流動，被分為過去、現在和未來。

時間是均速的，再富有的人，他的時間的速度也和你的一樣，哪怕他有私人飛機。

時間是「自動駕駛」的，即使你什麼也不做，時間也會自動向前走，把你帶向未來。

看起來時間的底層機制對每個人都是一樣的。然而，對時間的理解深度不同，對時間的使用方法不同，最終決定了人和人之間的巨大差異。

時間是線性的

我們先看第一個機制——時間是線性的。時間沿著一個方向流動，在現在這個點上，線性的時間被劃分為過去和未來兩段。

時間的這一特性讓我想到一則趣聞。十九世紀初，英國有一個航海家約翰·富蘭克林，他的大腦和四肢非常遲緩，天生是個「慢人」。富蘭克林在年幼時不能參加各類球賽，因為那些運動要求的速度太快了，他完全反應不過來。在外人看來，他有點像《動物方城市》裡的樹懶，做事比別人慢很多拍。

成年後，富蘭克林成為一名水手，並在一次航行中發現了自己與他人的不同之處：他察覺到燈塔的光束有殘影，就像我們看到的一些延遲攝影作品。《快思慢想》這本書如此描述道：「由於他的感知覺反應太慢，因此許多序列性發生的事件對他而言都是同時發生的。」

然而，正是「憑靠」緩慢，富蘭克林成為一名傑出的極地探險隊長。當過去、現在、未來如慢鏡頭一般堆在眼前時，他就能做到縝密周到，抓住別人注意不到的細小的瞬間，形成某種特別的全局觀。依靠這種特質，他多次保住了全體船員的性命。

這個世界上有不少厲害的人物發現了時間機制的某個秘密，並且巧妙運用了該機制允許的遊戲規則。著名投資人孫正義也讀懂了時間的算法，藉此他在不同空間套利。孫正義有一套「時間機器」理論——美國、日本、中國這些國家的ＩＴ行業的發展階段不同。在日本、中國這些國家的ＩＴ行業發展還不成熟時，先去比較發達的市場——比如美國——開展業務，等時機成熟後再殺回日本和中國市場，就好像坐上了時間機器回到幾年前的美國。這時，你彷彿是一個來自未來的人，知道歷史的走向，就能更容易地把握先機。

儘管時間是線性地向未來流淌，但是對於厲害的人來說，他們看透了時間的機制，就可以顛倒將來和過去。他們把過去、現在和未來放在一個大系統裡面，做全局思考、逆向思考，由此獲得超越他人的優勢。

時間是均速的

我們再來看一下時間的第二個底層機制——時間是均速的。它對每個人來說都是平等的。

每個人每天都有二十四個小時，每一分鐘的長度對所有人而言都是一樣的。為什麼在相同的時間裡，有些人可以做更多的事情呢？除了實力和資源上的區別，最大的不同，就是那些厲害的人能夠在看起來都一樣的時間裡挖出更多的寶藏。挖出寶藏的秘密就在於聚焦。

時間有時候像光，當我們極度專注、極度聚焦的時候，它就如同激光一般產生了強大的切割力。

比爾．蓋茲的父親老蓋茲有一次讓比爾．蓋茲和巴菲特各自在紙上寫一個詞，說說什麼是對他們的成功影響最大的因素。這兩位曾交替成為世界首富的人各自寫完，翻開一看，上面居然寫著同一個單字——Focus（專注）。

對於所有的人來說，時間都是稀罕的。要事第一，你應該用80%的時間去做20%最重要的事情，而不應陷入緊急但並不重要的瑣事。

時間是「自動駕駛」的

時間的第三個機制看起來有點奇怪，什麼叫時間的「自動駕駛」呢？

據說有一次馬雲和朋友去拜訪李嘉誠，馬雲問李嘉誠：「為什麼您可以多元化經營，什麼都做，並且都能成功？」

李嘉誠回答：「做生意，要記住，手頭上永遠要有一樣東西是天塌下來你也可以憑藉其賺錢的。」李嘉誠發現了時間的一個秘密，也就是無論發生什麼變化，只要時間在往前走，你的這個生意就能賺錢。簡而言之，你要有一樁和時間一起自動行駛的生意。就像巴菲特所說：「我用屁股比用腦袋賺的錢多。」在某種程度上，比做決策更重要的是守候，守候時間的自動駕駛帶來的複利。

透過時間的「自動駕駛」功能，巴菲特的資本、馬雲的伺服器、李嘉誠的基礎設施，在他們閉著眼睛的時候，也能夠大規模地為他們創造價值。

那什麼是時間的算法呢？我們不妨透過一個思維框架來理解，這個框架由三部分——過去、現在和未來——組成。

過去是局部無法改變的已知條件，是你已經抓到的牌。由於過去是已經發生的，是清晰羅列出來的已知條件，所以你需要冷靜地接受。過去只能做為已知條件，而不能簡單地被當作因。拿圍棋來說，善於棄子是增強棋力的重要秘訣。敢於棄子的人，本質上也能把存量資源運用得更靈活、更充分。

現在是選擇分配點，分配已經抓到的牌。由於決策只存在於現在，所以你需要極度專注，主動選擇正確的思維模式，分配過去和現在的資源，理性計算。

未來是從現在這個點去看各種可能性結果的概率。在過去的教訓上模擬未來，是人類進化出智慧的重要原因。所謂理性的思考方式，就是你的所有決策僅僅對未來負責。

理解了過去、現在和未來，我還要提醒你一下，正如作家奧茲所說：「我們需要談論現在與未來，也應該深入談論過去，但有一個嚴格條件，即我們始終應提醒自己我們不屬於過去，而屬於未來。」

人生算法的魔力，幾乎都是透過時間來實現的。所謂時間的算法，就是專注於現在，將過去串起來，或者放下，透過重新配置和理性計算，用於不可知的未來，然後依靠時間的自動駕駛機制，分秒推進，周而復始。

小知識，大重點 ←

1

時間箭頭將過去與將來區別開來，使時間有了方向。在霍金看來，至少有三種不同的時間箭頭：一是熱力學時間箭頭，即在這個時間方向上「無序度」或「熵增加」；二是心理學時間箭頭，這就是我們感覺時間流逝的方向，在這個方向上我們可以記憶過去而不是未來；三是宇宙學時間箭頭，在這個方向上宇宙在膨脹，而不是收縮。

2

假如只能用一分鐘解釋人生算法，我會用三十秒解釋概率權，用三十秒解釋時間權。空間概率分布，會隨著時間疊加起來，極少有人能夠理解這一點。

3

正如亞歷山大在《空間、時間和神靈》中所說：「在哲學中，一切重大問題的解決都依賴對時空是什麼，特別是這兩者是如何相互聯繫的問題的解答。」

4

世俗世界的成功者，其秘密幾乎也就是兩個：概率套利，時間套利。改寫一句名言，人們總是高買五年後的價值，又往往賤賣十年後的價值。

5

時間的先後，有時會給我們造成因果錯覺。但前面的未必一定是因，後面的未必一定是果。強行建立某些因果關係的幻覺，會誤導我們。

6

反過來，我們也可以借用這種力量。例如，貝佐斯在要求團隊提交一個專案計畫方案時，要先準備好如果成功的新聞稿。這就相當於先把「果」設想出來，倒逼團隊思考「因」，從而穿越不確定的時空。

7

人們喜歡說深謀遠慮，但在我看來，這本質上還是「洞察力＋算法」的支持。例如，AI下圍棋很厲害，考慮得很遠，靠的還是計算。沒有計算的深度，就沒有認知的高度，更沒有時間的廣度。

8

時間靜靜流淌，命運不可逆轉。這兩者對自由意志而言，似乎都是不自由的。時間不可逆，可能是宇宙最奇妙的秩序之一。時間之不可逆流而上，凸顯了其他所有可能的逆流而上的價值和意義。

9

生命即燃燒，意識是火種，時間是燃料。

10

萬物靜默如謎，時間就是謎底。

第十八關・貪婪
用半徑算法找準人生定位

巴菲特在給托馬斯・沃森的傳記寫評價時說：「托馬斯・沃森最近寫的一本書，書名叫《IBM帝國締造者：小沃森自傳》，書中他引述了他父親的一段話，『我雖然不是天才，但我在某些地方是聰明的，而且我就待在這些地方』。這就是做投資、做企業的全部內涵。投資不是戰無不勝、無所不能，它要求你學會利用自己的領域獲得優勢，不能一味開疆拓土而不去耕耘。」

然而，能力半徑並非一個可操作的方法論，而且在外部環境出現變化時，人必須迎接變化，拓展自己的認知。這也是為什麼我提出三個半徑。這個模型很有趣，也算精確。

貪婪是我們在通關挑戰中面對的最後一道關卡。其實，「貪多」這一表述更加具體：想讀更多的書是貪多，想見更多有趣的人是貪多，想嘗試更多沒做過的事也是貪多。生活有無限的可能性，這本來很好，但人的生命畢竟是有限的。「弱水三千」我們都想要，真正能取的不過是「一瓢」。在這種情況下，我們應該如何做出選擇呢？

先來做一道選擇題：兩個六吋的披薩和一個九吋的披薩，你怎麼選？

這個問題很簡單，只要根據公式——$S=\pi r^2$——算一下圓的面積，就知道兩個六吋的披薩不如一個九吋的披薩大。

我之所以提這個問題，是想讓你意識到一件有趣的事：從六吋到九吋，半徑只增加了50％，面積卻多出了一倍左右。當你把人生中那些想讀的書、想見的人、想做的事視為半徑後就會發現：增加一點半徑很容易，但若要「鏡圓璧合」、達成目標，就得付出成倍的努力。

這讓我想起物理學家波耳說過的一句話：「專家就是這樣一個人，他在一個非常狹窄的領域內犯過所有可能犯的錯誤。」這句話的關鍵點是「非常狹窄的領域」。假如領域太大，你的探索成本就會高得多。所以，若想成為一名專家，首先你必須控制專注領域的大小。

半徑算法

在這道選擇題的基礎上，我想向你介紹一種半徑算法。

先在紙上畫三個同心圓：最裡面的圓對應的是行動半徑，中間的圓對應能力半徑，最外面的圓則對應認知半徑。在此之外都是未知世界。

如果要用一句話概括半徑算法，那就是擴大認知半徑，確立能力半徑，縮小行動半徑。

第一，擴大認知半徑。

這很容易理解，否則人就會視野狹窄，容易被高速迭代的世界拋棄。不管是機構，還是個人，都應該積極拓展自身的認知半徑。

第二，確立能力半徑。

人們很容易混淆認知半徑和能力半徑。「車和家」的創始人李想就分享過這樣一個故事。幾個年輕人賺了一筆可觀的錢，向一位擁有億萬資產的長者請教：「有錢後最應該注意的是什麼？」長者回答：「一年之內不要做任何投資。你們這群傢伙，年紀輕輕就有錢了，現在肯定都自大得一塌糊塗，以為自己無所不能。這

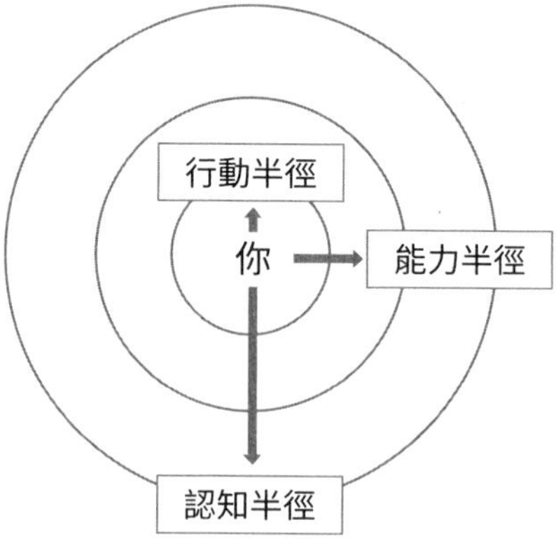

時，任何投資決定都是在自信過於膨脹的狀態下做出的。」

長者認為，即便這幾個年輕人能夠快速擴展認知，他們的能力也不一定能跟上。中間圓圈對應的能力半徑，是能力所及的範圍，實際上它是一個能力圈的概念。有兩句關於能力圈的表述令我十分難忘：「如果能力沒有邊界，就不是真正的能力」、「能力圈大或者小不重要，關鍵在於你知道自己的能力圈有多大，然後待在裡面」。

正如風險資本家弗雷德．威爾遜所言，「你取勝的唯一途徑就是知道自己擅長什麼、不擅長什麼，並堅持做你擅長的事情。」

第三，縮小行動半徑。

美國蓋可保險公司就是主動縮小行動半徑的典型例子。這家公司成立於一九三六年，它的商業模式非常特別。首先，不同於一般保險公司廣泛的業務定位，蓋可只為政府雇員這個特定的群體提供汽車保險。由於政府雇員發生交通事故的概率要低於其他人，保險的賠付率自然就小得多。其次，蓋可在營銷模式上採取保險單郵寄的直銷方式，不依靠代理商，這樣就可以節省10%到25%的代理費。而且，因為沒有代理商強行推銷，蓋可收到不合適保單的可能性大大降低。

透過縮小行動半徑，蓋可得以將客戶群控制在合理的範圍內，不依靠代理商的營銷模式，同時規避了旁枝末節的產生。依靠這種獨特的經營方式，蓋可公司的規模越來越大。

行動半徑涉及對規模的理解，透過蓋可公司的例子我們可以看到：「大規模」本質上不是「強能力」的結果，而是由一個簡單動作大量重複帶來的。世界上絕大部分具有一定規模的餐飲企業都是快餐企業，主要原因就是菜單上的菜色少，經營方式更容易被複製。

這給我們一個啟示：若想把手上的事情做到一定規模，就得主動縮短行動半徑，做少而簡單的動作，進而在資本、人力、技術、時間、空間、文化甚至夢想層面大面積複製。

如何理解認知世界

我們可以透過上述半徑算法，進一步理解每個人的認知世界。

認知圓圈之外是未知世界，也就是「我不知道」。

中間層能力圓圈和最外層認知圓圈之間是「我知道我不知道」。簡單來說，很多時候我們擴大認知半徑，大概地了解陌生領域，是為了知道自己不懂哪些東西。比如，一個人沒學過金融，大致了解一下後就知道自己很難搞懂金融，以後就不會碰它了。

再往裡看一層，在最內層行動圓圈和中間層能力圓圈之間是保護層，或者叫「安全邊際」。這就像我們要建造一座橋，假如需要讓五噸的車輛通過，那最好讓這座橋有十噸的承重能力。反過來，在承重能力（能力半徑）為十噸的時候，就該把五噸設置為車輛的重量上限（行動半徑）。適當留有「安全邊際」，能夠為你的人生提供一道保障。

行動圓圈以內是我們應該集中資源，花最多時間和精力投入的領域。

這個半徑算法也適用於生活的其他方面，比如指導我們的社交。一般我們和家人、摯友的關係最穩定，應該把更多的時間留給在最內圈層的他們。同時，我們要擁抱和理解這個世界的隨機性。這就意味著，我們要廣泛結交各路高手，開闊眼界，擴大認知半徑。

人生定位

半徑算法為我們的認知世界，以及日常生活的方方面面提供指引。事實上，確認自己行動半徑、能力半徑和認知半徑的過程，也是為自己的人生定位的過程。

在《人生算法》中，我們的討論幾乎都是圍繞以下這句話展開的：如何應對這個不確定的世界，擁抱隨機性，努力創造確定性。

這個世界看似是被不確定性統治著，但你並不是一張被概率決定命運的彩券，你可以努力掌控自己的未來。你要找到自己可以長期去做的那件事，也就是行動圓圈裡的事。在很多時候，一個人一輩子只能做這樣一件事。在這方面，我非常贊成矽谷投資人彼得．提爾的觀點：「與其努力成為一個各方面都一知半解的庸才，還美其名日『全能人才』，一個目標明確的人往往會選擇一件最該做的事，並專心做好這件事。與其不知疲倦地工作，最終卻只把自己變得毫無特色，不如努力培養實力，以求獨霸一方。」

人生定位，就是要找到這件事。

根據品牌營銷方面的定位理論，人們只會記住你的一個特點。比如，提起格力這個品牌，市場會認它的空調，手機就不行。茅台也出過啤酒、做過紅酒，但都沒有成功，因為茅台已經和白酒畫上等號。反之，小小一瓶老乾媽在占領辣椒醬這個細分市場的關鍵字後，被帶往成千上萬的飯桌，創造了巨大的財富，於是這個品牌也就無須靠做「老乾媽醬油」、「老乾媽奶茶」擴大影響，增加收入。因此，當你把人生定位這個環節的任務圓滿完成之後，自然會被嵌入社會的資源鏈。

透過學習半徑算法，我們確立了擴展認知半徑、確立能力半徑、縮小行動半徑的目標。與其貪婪地追逐所有的機會，不如努力增加自己的資產，把時間和資源花在那些不變的事物上。擁有一個成功的人生，其實就是清楚地認識你是誰。

小知識，大重點 ←

1. 我們無法發財，不夠幸福，是因為我們懂的知識太少嗎？不，是因為我們的知識太膚淺。

2. iPhone（二〇一九年）的計算力是阿波羅登月導航電腦（五十年前）的一．二萬億倍，但你能用iPhone登月嗎？很多時候，我們缺的不是知識，不是計算力，而是邊界意識，以及邊界之內的系統能力。

3. 讀書人面臨的最大陷阱是混淆認知半徑和能力半徑，所以光說不練，沉溺於那些和自己並沒有什麼關係的知識集郵，用認知幻覺替代行動。

4. 商人面臨的最大陷阱是混淆能力半徑和行動半徑，偶爾獲得成功，便覺得無所不能，結果靠運氣賺來的錢，靠能力虧掉了。

5

笨人如果意識到自己笨，並且停留在自己笨的半徑內，就是聰明的。聰明人如果高估了自己的聰明，或者僅僅混淆了三種半徑，就是蠢的。

6

帕斯卡說：「幾乎我們所有的痛苦都來自我們不善於在房間裡獨處。」我們就是喜歡出去亂逛，瞎忙。人類整體因此而進步，而絕大多數個體因此而遭罪。

7

的確，在很多時候，世界是由那些不受限的人推動的。你我做為俗人，最好先有一個安穩的根基，然後再去瞎忙。例如，科學和藝術進步，很多是富二代「吃飽了撐的」取得的，前提是他們吃得很飽。當然也有梵谷那種人，但你不想割掉自己的耳朵吧。

8

「對大多數投資者來說，重要的不是他們知道多少，而是他們能在多大程度上認識到自己不懂什麼。」巴菲特如是說。風險往往源自你不知道自己在做什麼。

9

跨界是無能者的避難所。假如你沒有一技之長，通才並無意義。當然也有人僅靠「通」就很厲害，那也是因為他「通」出了深度，這比在某一點上建立垂直優勢更難。

10

如果你只是一味擴張自己的認知半徑，你其實只是在「知識吸毒」。如果你不能確立自己的能力半徑，你其實只是在夢遊。如果你不能控制自己的行動半徑，你無論多麼聰明、多麼勤奮，也無法造就卓越人生。

結語←

你好，贏家！

這是《人生算法》的終章。在整個學習過程中，我像一個街頭酒館的掌櫃，把自認為最好的佳餚和美酒毫無保留地擺在了桌上，但願你已經酒足飯飽。接下來是甜品時間，我還有幾點叮囑。即使本書裡講的概率、算法、思維，你全都忘了，也請記住以下這幾點叮囑，我相信就夠用了。

人生的兩類問題

我想先跟你聊一聊你所面對的真實世界，到底需要你解決什麼問題。大多數人在一生中需要解決的難題其實就只有兩類：一是有邊界的問題，二是沒有邊界的問題。

我想用象棋和德州撲克兩種遊戲來打個比方：象棋的棋法變化很多，算是一項複雜的遊戲，但它依舊是有邊界的。發明博弈論的大科學家馮．紐曼認為：「象棋不是博弈，而是一種定義明確的計算形式。你可能無法算出確切答案，但從理論上來說，一定會有解決方案，也就是說，任何局勢下都存在一套正確的下法。」

諸如象棋遊戲的人生難題，在我們的學生時期大量出現。它被討論的環境十分簡單，類似於實驗環境，題目很難，解答過程也很複雜，但它總有一個標準答案。我們傳統的應試教育其實一直在鍛鍊解答這類題目的能力。

至於沒有邊界的問題，德州撲克就是一個典型。它屬於包含很多隱藏信息的「不完美信息」遊戲，是非對稱的信息博弈。玩家不知道對手手中有什麼牌，也不知道五張公共牌會組合出什麼結果，更不知道對手會怎麼猜自己手上的牌。

當你踏出校門，走入真實世界，等待你的幾乎都是這類問題。這看起來沒什麼，但情況很複雜，需要你釐清頭緒、權衡利弊，在不確定的狀態下做出選擇，並且也沒有一個標準答案。做投資的人通常特別愛玩德州撲克，對他們而言，無論是做投資，還是玩德州撲克，都是在解決那些沒有邊界的問題。

現實世界其實是德州撲克高手「統治」的世界，而不是被象棋高手「統治」，因為我們在現實世界中遇到的絕大多數問題並沒有邊界。比較而言，德州撲克的遊戲規則更接近我們的人生決策模型。反之，現實中的象棋高手很像我們身邊的這樣一類人——他們勤勉、聰慧、懂很多道理，看起來什麼都不比別人差，但就是混得不太好。這類人很會解答有邊界的問題，但對於沒有邊界的問題卻束手無策。

我要給你的第一個囑咐就是，人生是一場沒有邊界的遊戲，你不要試圖躲在確定性的幻想中，也不要指望自己夠聰明、夠努力，就一定有回報。當一步步理解了更高維度的算法，你才會逐漸發現不確定性背後的秘密。這些計算一點都不複雜，只要運用加減乘除就夠了。但你必須養成概率性的思維習慣，以及證偽的科學精神，還要用足夠的樂觀擁抱充滿不確定的未來。

靜下心來，用我們學過的算法在有灰度的認知階段逐步釐清狀況，你就能黑白分明地做出越來越正確的決策。這樣你才可能在努力和運氣之間建立聯繫，越努力，越幸運。

向撲克高手學習應對不確定性

第二個囑咐，我要給你樹立一個榜樣，教會你如何在不確定的狀況下決策和行動。這個榜樣就是德州撲克高手。我當然不是讓你去打牌或者賭博，而是教你學習一種決策模型，來應對不確定的人生。在某種意義上，我們每個人都在和命運對賭。

向德州撲克高手學的第一課是，你要認識到，那些待解決的現實世界的問題分為可計算和不可計算兩部分。對於可計算的部分，你要尋找最小化風險、最大化收益的下注方式，對於不可計算的部分，再精確的計算也無法消除不確定性，面對這部分問題，模糊的精確比精確的模糊更重要。

什麼意思？在很多時候，想得過多，也就是所謂的Overthinking，反而會壞事。數學運算的危險在於，它會讓你誤以為自己能做很多，但實際上你做不到。甚至有些人透過假裝計算來假裝思考，從而逃避真正的思考。

因此，對可計算的部分，功夫盡量做足，成為計算高手。對不可計算的部分，我們要透過大量實踐，訓練自己的直覺，切勿在此環節過度思考。

向德州撲克高手學的第二課是，我們要學習怎麼區分哪些可計算、哪些不可計算。這就要求我們分清兩個概念——風險和運氣。這兩個詞常被應用在不同的場合，這裡我用它們來衡量不確定性。所謂風險，就是已知的不確定，這個部分你可以用概率來計算。比如拋硬幣的遊戲，你不知道這一次是正面還是反面，但你知道正面的概率是50%。所謂運氣，就是未知的不確定，你不知道什麼是你不知道的，比如黑天鵝事件。在這部分問題面前，我們要意識到自己是無法透過計算做出最佳選擇的。

因此，對於不確定性，我推薦你採取一種高手的態度：當你贏了的時候，你可以跟別人說「我運氣真好」；但當你輸了的時候，別怪運氣差或者差一點，而應從技術角度反思。如果你問我德州撲克贏家主要靠實力還是靠運氣，我認為和現實世界的人生一樣，短期靠運氣，長期還是得靠實力。

向德州撲克高手學的第三課是，做一個博弈高手，做一個控制情緒的大師。

要想真正成為一個能夠贏牌的博弈高手，首先，你既要懂得算牌，還要做一個心理大師。這意味著你在博弈的賽場上要克服恐懼心理。刻意冷靜是理性決策的精華。其次，要打「無記憶」的牌，不考慮上一局的得失，全心應對未來。這也是我們在阿爾法圍棋思維裡強調過的。阿爾法圍棋下圍棋的特點是，它在下每一手棋前都會重新思考，從終局推算這一手的贏棋概率。《高勝算決策》這本書寫道：「頂級撲克牌手也有40%的時間在犯錯，客觀面對錯誤比任何技巧都重要。」打撲克牌是一場心理戰，其中很重要的一個心理策略就是別推卸責任，也別自我欺騙，正確對待失敗。

還有一點，你要能控制他人的情緒。最好的撲克高手也是最好的騙子。最重要的不是你手中有什麼牌，而是讓對手以為你手中有什麼牌。

要想成為控制情緒的大師，必須善用你的情緒頻寬，因為情緒、注意力、認知這些頻寬都是有限的。我們主要向德州撲克高手這個榜樣學習的，是如何應對不可計算的部分。至於可計算的部分，我還要最後給你一個囑咐：你要不斷提升對於可計算部分的決策能力。

提升決策能力的五個級別

在前面的章節，我向你介紹了很多做決策的方法。其實人的決策能力是一個不斷提升的過程，我們可以用五個級別來劃分。你可以透過這五個級別來定位，看看你現在的決策水準屬於哪個級別。同時，它也展示了下一步你可以往哪個方向提升。

我們在學校裡遇到的都是有邊界的確定性問題，而我們在現實中遇到的大多是沒有邊界的不確定性問題。要想應對現實世界的挑戰，我們要學會在不確定的世界裡決策和行動，用概率思維解決難題，更新自我。

所有的認知概念，其實不過是你大腦的鷹架。在學習人生算法九段後，請拆除鷹架，用你的思考指導行動，在行動中深化思考。

第一個級別——依靠直覺。你只能依據一個點來做條件反射式的判斷。在這個級別，理性還沒有啟蒙。

第二個級別——主動思考後的選擇。你可以在好幾個方案裡做選擇。這個級別，你的決策錦囊裡有好幾個點，你已經可以有效地解決一些問題。

第三個級別——透過決策樹，一個人形成了概率化、結構化的認知。到了這個級別，你就能解決複雜的問題，你可能已經走上部門的管理職位，為一些決定負責。

第四個級別——形成可重複的算法。到了這個級別，在大多數人眼裡，你已經是人生贏家了。你已經可以獨立做決策，帶領一支隊伍，做出一番事業。

第五個級別——能夠透過貝葉斯定理持續更新決策算法。能攀登到這一步，你一定能持續保持領先，不斷根據世界的變化進行自我進化，成為真正的人生贏家。

你要相信，這個世界的未知和不確定性，是對人類自由意志的讚美。每一刻你都有權利做出自己的判斷，決定自己的人生，並和不確定性共舞。

很高興遇見你！祝你一路好運！

番外篇←

人生的大高潮與小高潮

九段心法和通關挑戰過後，我還想跟你探討兩個話題，它們也是我們在人生中十分關心的兩個主題——財富和幸福。我的觀點是：財富取決於很少的大高潮，幸福取決於很多的小高潮。

在解讀這個觀點前，我們還是先來做一道有趣的題目。這道題目來自別涅季克托夫，他是俄羅斯第一本數學難題集的作者，也是一位詩人。

兩姐妹各自賣雞蛋，姐姐有十個雞蛋，妹妹有五十個雞蛋，要求：

- 任何時候銷售價格統一；
- 最終每個人收到的錢一樣多。

這道看似簡單的題，卻容易讓人產生錯覺：「兩個人手頭的雞蛋數量不同，任何時候都賣一樣的價格，怎麼可能最後賣一樣多的錢呢？」

事實上，當姐姐在價格低的時候少賣雞蛋，在價格高的時候多賣雞蛋，就有可能實現與妹妹等同的銷售總額。具體而言，早上兩人將雞蛋定價為一元一個，擁有五十個雞蛋的妹妹賣掉四十五個；姐姐守著手上的十個雞蛋，一個都不賣。等到下午兩人將雞蛋定價為九元一個，妹妹就剩五個雞蛋了，賣四十五元；此時，擁有十個雞蛋的姐姐可以一下子收到九十元。

這道題目裡藏有一個重要的財富秘密：關鍵時刻下大注，能夠讓你在本錢比別人少的時候賺得更多。

在索羅斯大戰英格蘭央行，迫使英國退出歐洲匯率體系的傳奇故事中，操盤手史丹利．卓肯米勒先押了十五億美元，並考慮進一步加大籌碼。索羅斯這時候表示：「太荒謬了，你知道這種事情（指英國在一九九〇年決定加入西歐國家創立的新貨幣體系——歐洲匯率體系）多久才能出現一次嗎？」他認為，信心十足但是只投入很少的資金，這麼做是沒有道理的。最終二人加上槓桿，押了一百億美元，成為這場「襲擊英鎊行動」的最大贏家。

索羅斯的策略是專攻要害。卓肯米勒對此總結道：「我從索羅斯身上學到很多，其中最為重要的並不是你是對還是錯，而是在你正確時賺了多少錢，在錯誤時賠了多少錢。」

巴菲特也說：「好機會不經常出現。當天上掉餡餅時，請用水桶去接，而不是用針去頂。」

儘管索羅斯和巴菲特的風格完全不同，但他們都是那種伺機而動、咬住就不放口的致命攻擊者。

你可能會問，在「防爆思維」那一章不是強調，投資的時候不能All in嗎？

的確，雖然索羅斯和巴菲特都強調在超級機會降臨時你要下大注，但事實上他們都有自己的風險控制模型。索羅斯的特點是，一旦出現狀況就跑得特別快，而且還經常反轉策略，掉轉槍頭。巴菲特呢？他下的大注都是那些盯了很久的公司，基本上不會出太大的錯，並且他會嚴格控制倉位比例，把雞蛋放進不同的籃子裡。

這是關於財富的法門。但財富以外，我們在人生中還要追求另一個重要的維度——幸福。財富可以帶來幸福，但它們不是簡單的因果關係，幸福有自己的一套邏輯，我發現它的法門是較多的小高潮。

哈佛大學心理學教授丹尼爾．吉爾伯特說：「買房、結婚這種人生大事確實能讓你更幸福，但這種幸福感的強烈程度持續不了多久。」回想自己的生活：你賺了一大筆錢，買新房，換新車，考入理想的學校，找到如意的伴侶……它們所帶來的那種強烈幸福感其實並不會持續太久。事實上，不管好事還是壞事，對我們的影響很少會超過三個月：好的事情好不了太久，壞的事情也壞不了太久。

心理學家艾德．迪安納發現：「對於幸福感來說，更重要的是快樂體驗出現的頻率，而不是快樂體驗的強度。」這麼看來，在某種程度上，女性天生就比男性更加理解幸福的本質。

為什麼這麼說？女性特別喜歡一些小浪漫，能夠在很多生活細節中找到幸福的感覺。大多數男性卻覺得幸福必須靠做大事來實現，要送就送一枚大鑽戒。那些動不動就送束鮮花之類的小把戲，在他們眼裡是只有感情騙子才會做的事。

但心理學家認為，關於幸福感的獲得，女性對了，男性錯了。吉爾伯特教授總結道：「我們想當然地以為最能影響我們的是生活裡的一、兩件大事，但幸福似乎是上百件小事的總和。一個每天經歷十幾個小開心的人，很可能比每天只遇到一件大喜事的人更幸福。」

因此，別只想著買輛好車，也要記得給自己買一雙舒服的鞋子。別只想著用大絕招討好伴侶，試著給對方一些小驚喜。這樣生活會有更加持續的幸福感，所謂經營生活的奧秘，不過如此。

「財富取決於很少的大高潮，幸福取決於很多的小高潮」，無論是大高潮，還是小高潮，都是生活給我們的獎勵、反饋，是我們對生活意義的確認。

九段心法也好，通關挑戰也好，都是為了幫我們在人生算法的學習過程中逐一掌握應對內部或外部不確定性的方法。事實上，不確定性一方面會帶來意外，另一方面也給我們的生活平添了刺激，並賦予它意義。我們可能忽視了人生的另一個大敵，就是我們追求的確定性。確定性讓我們感到安心，但日復一日的生活方式也顯得非常無趣，一眼望到了頭，更可怕的是意義感的喪失。

如果你正面臨這樣的問題，那你需要向巴菲特學習他的人生態度。他說：「我非常熱愛我的工作，每天早上去上班時，都會覺得自己好像是米開朗基羅要到西斯汀教堂畫壁畫一樣。」巴菲特熱愛他的工作，而不僅僅是財富本身，這與世俗的財富觀不同。事實上，世俗意義上的成功和財富都是一種「湧現」的結果。財富並不是最終目的，而只是實現個人價值後，隨之而來的附加產品。正所謂，人追錢很難，而錢追人很容易。

財富是未來結果，充滿了不確定性，我們也不確定當下努力是否就能獲得回報。我們怎麼能像巴菲特一樣，對工作投以百般熱情，沉下心修練呢？答案是使命。它能夠將你極少的大高潮和日常的小高潮完美地結合起來。

奧地利作家史蒂芬．褚威格在《人類群星閃耀時》這本書裡寫道：「一個人生命中最大的幸運，莫過於在他的人生中途，即在他年富力強的時候發現了自己的使命。」當你為了某種使命而生活時，你未必一定要中大獎，也能從每天的生活中找到幸福的感覺。

同時，因為使命不知道在哪一天會到來，在此之前，你需要為了你的使命虔誠地準備著。當年五十八歲的凱文．維克斯身為加拿大議會侍衛長，他的日常工作只是行政和禮儀，象徵性地扛著議會權杖步入會場而已，但八年來，他每週堅持射擊和其他體能訓練。二〇一四年十月二十二日，一名槍手殺死一人後衝入議會大廈。維克斯逼上去，與恐怖分子僅一柱之隔，當對方抬槍之際，他向左側撲地翻滾並開槍，擊斃了槍手。維克斯說：「我的一生都在為此刻做準備。」

侍衛長的使命是對抗暴力，而機長的使命則是保證乘客安全。

二〇〇九年一月十五日，一架客機A320被飛鳥撞擊，雙側引擎同時熄火，飛機完全失去動力。機長薩倫伯格在確認無法到達附近任何一個機場後，決定迫降紐約曼哈頓的哈德遜河上。在飛機奇蹟般地降落於河面後，機長負責指揮疏散，並且兩次仔細檢查機艙是否仍有乘客。確定沒人後，薩倫伯格最後一個離開客機。飛機上的一百五十一人全部生還，該事件被稱為「哈德遜奇蹟」。

在機長薩倫伯格看來，我們需要每次都努力做正確的事，盡力而為，因為我們不知道人們會因為哪一件具體的事評價我們的人生。

幸運的人生是能遇上一生都難有一次的偉大時刻，這也是使命的意義。即使遇不上這種偉大時刻，上述的侍衛長、機長也在日常的工作中踐行他們的使命。

雖然我們不知道自己做的哪件事將創造偉大，但我們能確認自己在每個瞬間都可以憑藉理智、情感和行動朝著使命前進，並且在過程中創造幸福感。

時刻準備著，是在不知何時是重大時刻的情況下，依然盡量做正確的事情。即使那一刻永不來臨，你也會一直體驗接連不斷湧來的幸福小高潮。

當你不在意財富的大高潮何時來臨，當你忘掉輸贏，在面對不確定性時能夠理性決策，勇敢行動，並對各種可能出現的結果泰然處之時，你就是真正的人生贏家。

後記

人生算法的實用主義

我局部贊成索羅斯的策略——暫時承認自然科學與社會科學的二元性。「人生算法」並非用物理和數學隱喻人生，也不是機械套用自然科學的定量方法，而是探索人類的認知與現實世界之間的關係。我不喜歡夾層解釋，而本書基於物理影像的認知飛輪和基於概率計算的概率分層，不僅有助於我的表達和讀者的理解，更有利於批評者提出批判性的觀點。

我也會想，假如有造物主，他也許會按照自己想像、夢想的邏輯製造人（假設他們需要邏輯），就像人類在設計遊戲時的邏輯。所以，人世的一些基本設置，例如單向的時間、不確定性、混亂、死亡，極有可能是他們沒有且羨慕的。所以，假如有造物主，他並沒有命運，也沒有自由意志。

我們有幸處於兩個加速時代的雙重作用之下，一個是中國改革開放四十年夢幻般的突飛猛進，一個是數字化虛擬世界對物理現實世界的「殖民」。我一方面隨波逐流參與其中，另一方面試圖用超然的思考對沖時光流逝。

艾西莫夫說：「科學是一個機制，是擴充你對自然的認知的一個方式。科學是一個系統，用宇宙中的事實驗證你的想法是否正確。這個系統很有效，不僅僅是在科學領域，放到日常生活中也很有用處。」人生算法的實用主義背後，正是這類驗證，正如我們的一生也是某種驗證一樣。

感謝「老喻的人生算法課」的訂閱者，感謝「孤獨大腦」的閱讀者，感謝得到諸君的用心指導，感謝中信出版社各位老師的專業付出，還要感謝「未來春藤」的夥伴們的支持。更要謝謝我的太太「冬瓜」、女兒「預言家」、兒子「遇伯樂」，你們給我以寧靜和美好。

國家圖書館出版品預行編目資料

人生算法：輕鬆跨越出身與運氣，全面升級人生的概率思維/喻穎正著. -- 初版.-- 臺北市：平安文化, 2022.09面；公分. --（平安叢書；第731種）（邁向成功; 87）

ISBN 978-626-7181-13-3（平裝）

1.CST：成功法

177.2　　111013208

平安叢書第 0731 種
邁向成功 87

人生算法

輕鬆跨越出身與運氣，全面升級人生的概率思維

《人生算法》：文化部部版臺陸字第111080號；許可期間自111年7月1日起至115年7月29日止。

作　　者—喻穎正
發 行 人—平雲
出版發行—平安文化有限公司
台北市敦化北路 120 巷 50 號
電話◎ 02-27168888
郵撥帳號◎ 18420815 號
皇冠出版社（香港）有限公司
香港銅鑼灣道 180 號百樂商業中心
19 字樓 1903 室
電話◎ 2529-1778　傳真◎ 2527-0904
總 編 輯—許婷婷
執行主編—平靜
責任編輯—張懿祥
美術設計—嚴昱琳
行銷企劃—許瑄文
著作完成日期— 2020 年
初版一刷日期— 2022 年 9 月

法律顧問—王惠光律師

讀者服務傳真專線◎ 02-27150507
電腦編號◎ 368087
ISBN ◎ 978-626-7181-13-3
Printed in Taiwan
本書定價◎新台幣 420 元 / 港幣 140 元